稳定
收益版

从零开始学理财投资

宋红云◎著

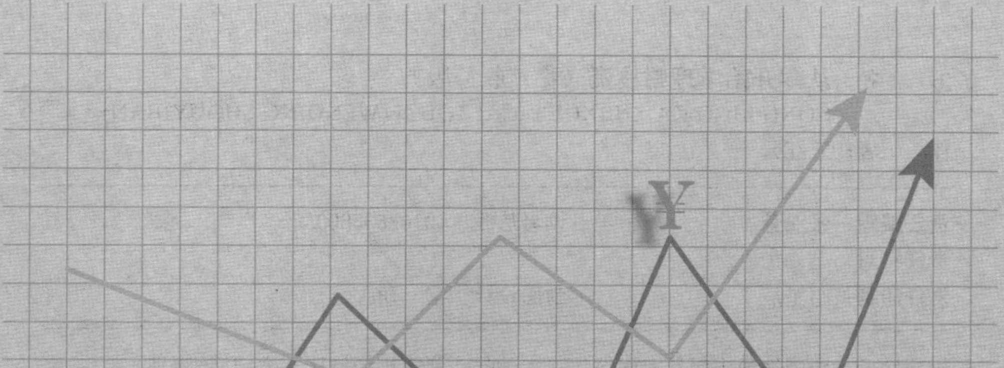

中国铁道出版社有限公司
CHINA RAILWAY PUBLISHING HOUSE CO., LTD.

内 容 简 介

本书告诉投资者如何采取有效的投资研究和分析，获得超越市场平均水平的投资业绩。以价值投资为本，首先带领投资者从分析宏观经济环境出发，了解经济周期，熟知投资领域，对投资环境进行深入而透彻的讲解；然后解读在价值投资的前提下优化投资组合、评估投资风险以及量化投资目标；最后，帮助投资者平衡患得患失的投资心态，在投资中做出理智的判断和决策，并从收益与负债中看清楚投资的流动性，从中找出投资的规律。

通过阅读本书，投资者将投资的过程演变成对企业价值的分析和判断，最终能够化繁为简，提炼出有效的投资策略，在长期的投资中，获得稳定的投资业绩。

图书在版编目（CIP）数据

从零开始学理财投资:稳定收益版/宋红云著. —北京：中国铁道出版社有限公司，2020.9

ISBN 978-7-113-27059-9

Ⅰ.①从… Ⅱ.①宋… Ⅲ.①私人投资-通俗读物 Ⅳ.①F830.59-49

中国版本图书馆CIP数据核字（2020）第117548号

书　　名：从零开始学理财投资（稳定收益版）
CONG LING KAISHI XUE LICAI TOUZI (WENDING SHOUYIBAN)
作　　者：宋红云

责任编辑：张亚慧　　　读者热线：(010)63560056
责任校对：王　杰
责任印制：赵星辰　　　封面设计：宿　萌

出版发行：中国铁道出版社有限公司（100054，北京市西城区右安门西街8号）
印　　刷：三河市宏盛印务有限公司
版　　次：2020年9月第1版　2020年9月第1次印刷
开　　本：700 mm×1 000 mm 1/16　印张：14.25　字数：216千
书　　号：ISBN 978-7-113-27059-9
定　　价：55.00元

前　言

投资的本质

投资理财是专业度要求极高的行业。如果投资者没有充分的知识储备，不懂价格涨跌背后的市场逻辑，就在财富示范效应下盲目地进入金融市场，进行投资理财活动，即使短期内可能获得理想收益，但长期来讲却难逃亏损出局的结果。

投资本身是一件很复杂的事，宏观上需要了解国家的政治政策、经济政策、经济周期；中观上需要了解行业格局演变、产业技术进步、上下游产业链变迁；微观上涉及企业的发展战略、公司治理、管理层素质、财务状况、产品创新、营销策略等。从投资者个人角度讲，需要构建交易理念和交易模式，并管理交易心智和交易情绪。

在投资的开始，我们是否思考过这样两个问题，即什么才是投资的本质？有没有可以化繁为简的投资策略？我想大多数投资者在投资之前都没有好好分析过什么才是投资的本质？正因为没有将这个问题思考透彻，大多数投资者难以找到化繁为简的投资策略。

不得不说，在波澜起伏的投资环境中，化繁为简的过程并不简单，这需要在攀登过程中能冷静并停下来且具有回顾反思的能力，需要俯视众山小的大视野和大格局，也需要直指投资本质的洞察力。

投资者需要花费时间和精力研究投资，是为了更少的决策，而更少的决策，是为了提高决策的确定性与含金量，尽量避免多决定因子的投资，降低变化的复杂性，尽可能让自己处于不被变化伤害的位置。

本书重点介绍在长期的投资生涯中，如何化繁为简进行有效投资。本书以投资股票为主要方向和内容，带领投资者从分析宏观经济环境、了解经济周期、熟知投资领域开始，对投资环境进行深入而透彻的理解；然后剖析投资中价值投资的重要性，详解如何在价值投资的前提下优化投资组合、评估投资风险以及量化投资目标；最后，帮助投资者平衡患得患失的投资心态，帮助投资者在投资中做出理智的判断和决策，并从收益与负债中看清楚投资的流动性，从中找出投资的规律。

相信认真阅读本书和仔细思考后，投资者能够将投资的过程演变成研究和跟踪的过程，演变成对商业模式和盈利的判断，演变成一套可复制、可持续的操作模式，最终寻找出适合自己的投资理念与投资策略。

编　者

2020 年 6 月

目 录

第一章

关注宏观经济

投资者不懂大势和经济周期对投资的意义，犹如没有进攻和防守的意识，最终自然是进退失据，难以达到预期的目标。

投资者要准确把握投资大势，少不了对宏观基本面和经济数据的分析和研究，这对于判断投资市场未来的机会和风险、合理配置资产而言，有重要的参考价值。

一、投资环境中的宏观投资环境

所谓投资，就是“钱生钱”的一个循环反复的过程，而“钱生钱”这个过程可以分为三步走：

第一步，投资者把钱放入金融市场；

第二步，资本运营，利用内在机制生钱；

第三步，再次投资，将资金再次投资到更加有利润空间的投资品种和投资项目中，获得投资收益。

这里的投资指的是用某种有价值的资产，其中包括资金、人力、知识产权等投入金融市场或经济活动中，以获取经济回报的行为或过程。

对于投资者而言，当面临诸如投资基金、债券、股票、保险等越来越多的金融产品时，必须保证这些投资产品是建立在良好的投资环境中。

投资环境是指投资者所面对的客观条件。特别是国际间投资的效果，与投资地点、客观条件的好坏直接相关。

对投资者来说，在进行投资之前首先要做的就是考察本国金融市场中的投资环境是否良好，以便将资金投向有利的环境中。

本书中，投资者可以将投资环境看成具有广义的含义，若是将这个广义的词语按照不同的形式划分，则会具有不同的含义。

投资环境的三个层次

按投资环境研究层次的不同，可分为三种形式，见图 1-1。

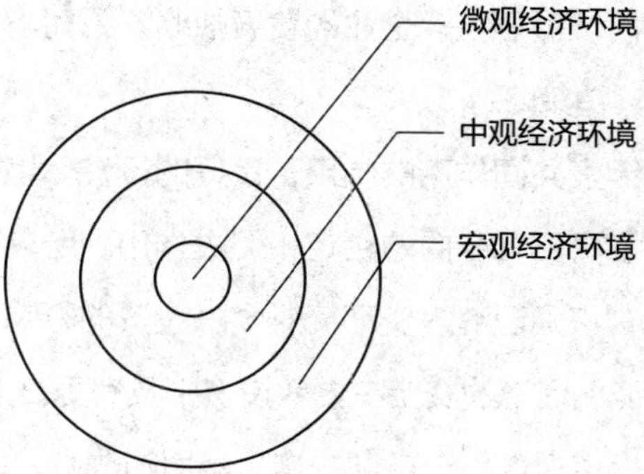

图 1-1　投资环境层次

1. 宏观经济环境

宏观经济环境多指影响整个社会资本运动的宏观社会经济变量和历史文化现实。探索研究的内容是全国或大区域范围内的国民经济发展，商业周期兴衰，国家政治、法律、制度变革，文化传统习俗的嬗变以及国家之间和区域之间的地缘关系等。

以宏观经济环境中的经济体制为例，它是一个国家的基本经济制度，直接决定了社会资源的配置原则和经济运行的方式及方法等。不同的经济制度下的目标取向是不同的，会对整个社会的经济活动产生根本性的影响，并直接影响到投资的目标定位、管理程序及管理方法等。

2. 中观经济环境

中观经济环境多指地区投资环境和产业投资环境，是介于宏观经济环境和微观经济环境两者之间的一个层次，承上启下。投资股票前，投资者需要了解行业发展周期及目前所处的发展阶段，判断当前的投资环境是否具备趋势性机会。

对于产业大趋势的判断非常锻炼投资者的思考、思辨和思想的能力，这是未来人工智能所不能替代的。

3. 微观经济环境

微观经济环境是指某个投资项目在选址时考虑的具体的自然、经济和社会条件。

投资者投资股票前，需要了解企业的发展战略、公司治理、管理层素质、财务状况、产品创新、营销策略等。

投资环境是多种因素共同作用的结果，良好的投资环境是保证金融投资效果的重要基础，对金融投资具有正向的决定和促进作用。所以，投资环境对金融投资具有重要影响，只有正确理解投资环境对金融投资的影响，才能为金融投资管理提供有力帮助，保证投资者的资金在金融投资中具有更高的安全性。

市场决定投资，投资反作用于市场，这是永恒的法则。

在投资前投资者要深入研究和分析引起市场变化的各种因素，正确预测市场变化的主要趋势，才能在千变万化的市场环境中找到最佳的投资时机，获得良好的投资效益。

解读宏观经济政策

投资者要了解宏观经济环境，应该先了解宏观经济政策对金融市场的重要影响，再对应到金融市场中具体的股票、外汇等市场进行详细分析。

“宏观经济政策”是指政府有意识、有计划地运用一定的政策工具，调节控制宏观经济的运行，以达到一定的经济目标。宏观调控是公共财政的基本职责。所谓公共财政，指的是为弥补市场失效、向社会提供公共服务的政府分配行为或其他形式的经济行为。

宏观经济政策包括财政政策和货币政策，如图 1-2 所示。

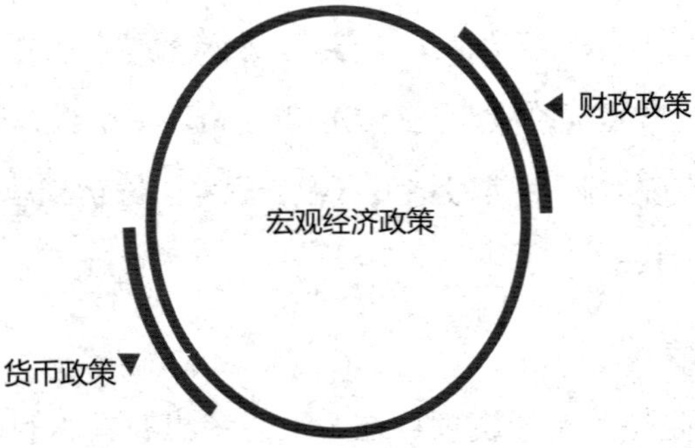

图 1-2　宏观经济政策图示

1. 财政政策

财政政策是指国家根据一定时期政治、经济、社会发展的任务而规定的财政工作的指导原则，通过财政支出与税收政策来调节总需求。增加政府支出，可以刺激总需求，从而增加国民收入。

财政政策是国家整个经济政策的组成部分，同其他经济政策有着十分密切的联系。财政政策的制定和执行，要有金融政策、产业政策、收入分配政策等其他经济政策的协调配合。

财政政策分为紧缩性财政政策和扩张性财政政策，在经济下滑时使用扩张性财政政策，主要措施有发行国债、扩大基础设施投资、提振市场信心、防止经济衰退。我国实行过多次扩张性财政政策，比如我国从 1998 年开始实行的持续 5 年的扩张性财政政策；再如我国 2008 年推出的 4 万亿元投资，加上地方投资约 12 万亿元。

而在经济上升周期，一般使用紧缩性财政政策、压缩投资、防止经济过热。

2. 货币政策

货币政策是指中央银行为实现既定的经济目标，如稳定物价、促进经济增长、实现充分就业和平衡国际收支等，运用各种工具调节货币供应量和利率，进而影响宏观经济的方针和措施的总和。

常见的货币政策有以下三种：

（1）公开市场业务，即中央银行回收或卖出国债；

（2）调整存款准备金率，即调整商业银行向中央银行上缴的存款比例，因此缩小或扩大资金供应量，这一工具威力很大，较少使用；

（3）调整再贴现率，即调整商业银行从中央银行贷款的利息率，以此来增加或减少货币供给量。

通常情况下，财政政策与货币政策往往是配合使用的。

二、财政政策对股票市场的影响

宏观经济政策会影响金融市场，而金融市场又会影响企业，从而通过股票价格的变化来反映宏观经济的状况。可见股票市场的走势跟宏观经济是高度相连的。

宏观经济政策会从财政政策和货币政策两方面来影响金融市场，继而影响到股票市场。宏观经济政策对金融市场的影响，同样可以从财政政策和货币政策两个方面进行分析。

我们先讲财政政策对股市的影响。财政政策是政府调控宏观经济的基本手段，它对股票、基金等金融工具具有一定的影响，通过国债和税收两种形式来进一步调控金融市场。

财政规模和采取的财政方针对股市有着直接影响。假如财政规模扩大，只要国家采取积极的财政方针，股价就会上涨；相反，国家财政规模缩小或者显示将要紧缩财政的预兆，则投资者会预测未来经济不景气而减少投资，因而股价就会下跌。虽然股价做出反应的程度会依当时的股价水准而有所不同，但投资者可根据财政规模的增减，作为辨认股价转变的根据之一。

财政投资的重点，对企业业绩的好坏也有很大影响。如果政府采取产业倾斜政策，例如，重点向交通、能源、基础产业投资，则这类产业的股价就会受到影响。财政支出的增减直接受到影响的是与财政有关的企业，比如与电气通信、房地产有关的产业。因此，每个投资者应了解财政投资的重点。

股价发生变化的时点，通常在政府的预算原则和重点施政还未发表前，或者是在预算公布之后的初始阶段。因此，投资者对国家财政政策的变化，也必须给予密切的关注，关心财政政策变动的初始阶段，适时做出买入和卖出的决策。

具体而言，财政政策主要通过税收和国债两种形式影响股票市场，如图 1–3 所示。

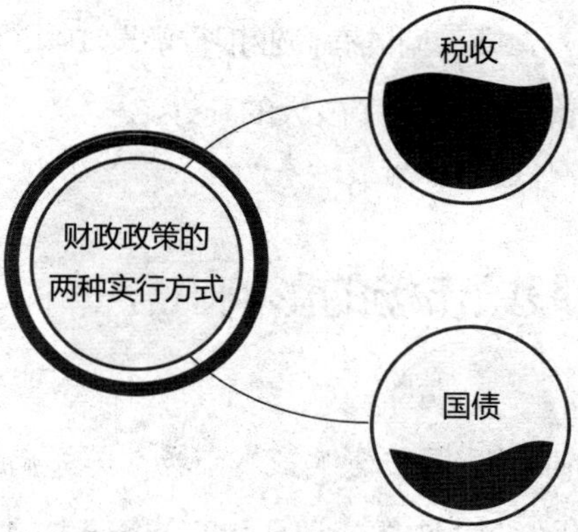

图 1-3　财政政策的两种实行方式

（1）在税收上，通过税收政策，调节企业利润水平和居民收入。

政府提高征税额度时，企业会减少用于发放股利的盈余资金和其本身发展的盈利，当企业的股利盈余资金减少的时候，投资者在购买股票、证券、基金等的用遣资金会随之减少。所以，提高征税额度会对投资者购买股票和证券、基金等投资心理产生严重的消极影响，导致投资者的投资积极性随之下降。

相反，政府实行低税收率或者适当减免税收的时候，扩大了股市的潜在资金供应量，减轻上市公司的费用负担，企业会增加用于发放股利盈余资金和其本身发展盈利，从而增加企业的利润，股价呈现上升趋势。同时，减少税收也可以增加投资者的收入，促进投资者的投资积极性，使得投资者可以拉动消费或者增加投资。

（2）在国债上，通过国债调节资金供求和货币流通量。

国债是由国家发行的债券，是中央政府为筹集财政资金而发行的一种政府债券，是中央政府向投资者出具的，承诺在一定时期支付利息和到期偿还本金的债权债务凭证，由于国债的发行主体是国家，所以它具有最高的信用度，被公认为是最安全的投资工具。

国家可以通过发行国债的方式，调节资金供求和货币流通量，在不带来通货膨胀的情况下，缓解了建设资金的需求，有利于总体经济向好，有利于股价上扬。比如我国在 1998 年 8 月财政部向国有商业银行增发 1000 亿元长期国债，用于基础设施建设，这一举措给股市带来了较大的利好。

三、货币政策对股票市场的影响

货币政策对股市的影响，是先影响资本市场，再影响股票市场，很多经济学家普遍认为货币数量的改变会对资本市场资产价格产生重要的影响，货币政策主要通过图 1-4 中的两种实行方式来影响资本市场中的股票市场。

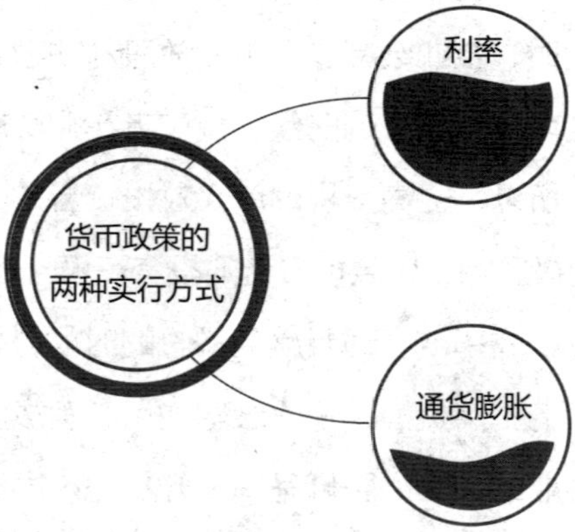

图 1-4　货币政策的两种实行方式

一般情况下，利率变动通过影响资金供求来影响股票价格，一方面，在实行紧缩性的货币政策时，利率变化会使相对收益率发生变化，也就是会使股票收益率与货币价格（市场利率）之间的对比关系发生变化，市场利率下降，货币市场收益率下降，投资者将增加股票的持有，有利于资金流向股市，也就是货币供给减少，利率上升，对股价形成向下压力。另一方面，与紧缩性的货币政策不同，实行扩张的货币政策意味着货币供给增加和利率下调，利率降低，证券投资者能够以较低的利率拆借资金，从而增加对股票的需求，引起股票价格上涨，使股价水平趋于上升。

货币政策通过通货膨胀也能够影响资本市场，进而影响股票市场，通货膨胀至少从以下三个方面影响股票价格，如图 1-5 所示。

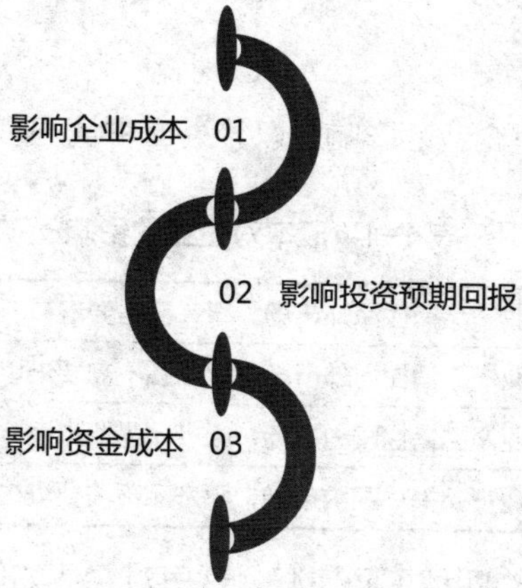

图 1-5　通货膨胀对股价影响

第一个方面：通货膨胀会影响企业的成本和收益，进而影响企业经营业绩，而经营业绩的变化是影响股价变动的根本因素。

第二个方面：通货膨胀影响投资预期回报，当物价缓慢上升时，货币和绝大多数债券的投资价值都会下跌，而企业的资产负债表却有所改善，进而提高企业的股票回报率。投资者为了避免损失或追求更高的投资回报，在风险偏好不变的情况下，就会选择投资股票，有利于促进股价上涨。

第三个方面：通货膨胀影响资金成本，物价与持币成本呈正相关关系，在一定的基准利率下，通货膨胀水平越高，持币成本越高，人们投资股市的积极性就越高。

除了利率和通货膨胀，存款准备金率、汇率等也可以作为货币政策的工具。

存款准备金率是指银行不能将其吸收的存款全部用于发放贷款，必须保留一定的资金即存款准备金，以备客户提款的需要。为保证这笔钱不被挪用，往往由中央银行保管。存款准备金占其存款总额的比例就是存款准备金率。

中央银行调整存款准备金率，影响商业银行的资金来源，在货币乘数的作用下，调整货币供应量，影响社会需求，进而影响股市的资金供给和股价。

汇率是指一国货币与另一国货币的比率或比价，或者说是用一国货币表示的另一国货币的价格。

通常情况下，汇率对企业的影响可以分为四种情况，如表 1-1 所示。

表 1-1　汇率对企业的影响

第一种情况	企业产品销往海外市场，原产品需要进口
第二种情况	企业产品销往海外市场，原产品不需要进口
第三种情况	企业产品销往国内市场，原产品需要进口
第四种情况	企业产品销往国内市场，原产品不需要进口

根据表 1-1 中所述的四种不同情况，这里对企业如何进一步影响金融市场中的股票价格进行详细分析。

第一种情况：企业的产品大部分销往海外市场，企业的原料大部分需要进口，则汇率的变化使企业的盈利基本保持不变，股票价格也基本不变。

第二种情况：企业产品销往海外市场，企业的原料不需要进口，则本国货币升值时，将不利于产品销售，而企业的原料成本不变，因此，企业盈利下降，股票价格下跌。

第三种情况：企业产品大部分销往国内市场，企业原料需要进口，则汇率的变化对企业产品的销售及公司原料成本的影响不大，此时股票价格保持不变。

第四种情况：企业产品销往国内市场，企业原料不需要进口，则本国货币升值时，企业产品销售影响不大，而企业原料成本下降，因此，企业的盈利上升，股票价格上升。当本国货币贬值时，将使股票价格下跌。

从理论上来说，股市的涨跌是供求关系的表现，而影响供求关系的因素又是多方面的。汇率的变更对于该国股市并不存在绝对的正相关或负相关关系，应视该国的开放程度而定。

总体而言，宏观经济因素对投资领域的影响是全方位的，主要体现在宏观经济政策的调整对股票市场产生的影响，以及宏观经济政策对于股票市场走势的影响。由此可见，投资者不能忽视宏观经济因素对股票市场的影响。

四、经济走势与股市

经济运行的整体趋势对投资者的投资带来有力的参考作用。

如果投资者不能够把握好宏观经济走势在股票市场对于大势的判断，那么，就容易在选择股票的时候出现或多或少的偏差。因此，把握好宏观经济走势对股票大势的影响非常重要，也可以说在某种意义上决定着在股票市场中的收益率。

不懂得宏观经济政策与宏观经济环境的投资者是难以掌握市场走势规律的，因为市场走势会受到宏观经济政策与宏观投资环境的影响。

对于一个对经济走势有较强预测能力的人来讲，就有更大的能力规避风险和博取更高收益。投资者如果完全不懂得经济趋势，则每一笔资金投入只能称为投机，而不是真正的投资。通常来说，投资者可从经济增长率、实体经济、失业率三方面预测经济走势。

实体经济与经济增长率

实体经济是一国经济的立身之本、财富之源。当实体经济处于下滑以及经济增长率走低时，市场中将会出现以下一些现象。

现象一：市场中的工作机会减少，失业率走高，失业后找工作的难度增加。市场中一些在职者的薪资增长率降低，甚至可能出现降薪或放无薪假的情况。

现象二：在经济下滑时，股市通常也会进入不景气的阶段，投资者在股市赚钱的难度将会增加。

现象三：经济下滑会降低大众对楼市的上涨预期，对投资房产者而言，获利也不是好时机。

现象四：经济下滑的时期通常伴随着降息周期，一些靠银行存款赚取利息投资者，将会获取与之前相比更少的利息。

现象五：对于债券投资者来说，可能有利率下跌的资本利得可期，但再投资收益会降低。

现象六：对负债经营者而言，虽然利率降低会减轻利息压力，但如果盈余减少的幅度更大，破产的可能性反而增加。对于债权人而言，借给他人的钱收不回来的信用风险也会提高。

当实体经济上升，经济增长率走高。与实体经济处于下滑以及经济增长率走低的现象相反，当实体经济处于上升以及经济增长率走高时，市场中将会出现以下一些现象。

现象一：市场中的工作机会增加，失业率走低，跳槽后获取更高薪资的机会将会增加。同时，在职者的薪资增长率提高，以佣金为主要收入者因为业绩增长带来的收入涨幅增大。

现象二：在经济上升的时期，股市通常也会进入良性投资阶段，投资者在股市赚钱的难度将会降低。

现象三：经济增长会提高大众对楼市的上涨预期，对投资房产者而言，获利的空间也较大。

现象四：经济上升的时候通常伴随着通货膨胀率的提高与利息的上升，名义利率提高，但实际利率未必提高。

现象五：对于债券投资者来说，投资时的票面利率较高。但利率若持续上升，可能有资本损失的风险。

现象六：对负债经营者而言，虽然利率上升会提高利息压力，但若盈余增加的幅度更大，加杠杆的投资的净值或报酬率会更高。对于债权人而言，虽然可收取较多的利息，但收回本金后的实际购买力会下降。

失业率

失业率也是判断经济走势的一个指标，失业率是指劳动力中没有工作而又在寻找工作的人所占的比例。什么情况下的失业率是正常的呢？充分就业时的失业率是自然失业率，大多数经济学家认为，4% ~ 6% 的失业率是正常的。

失业率与投资关系也较为紧密，我们以“美国”为例进行说明，投资者可以看出，电视上或者是报纸上很多新闻都会对美国失业率进行报道，为什么呢？因为美国失业率的高低是世界经济走势的一个判断指标，美国失业率较高时，说明全世界的经济形势正在恶化，反之经济向好。

当一个国家的失业率很高时，代表经济情势堪忧，将使 GDP 增速下降，这时候的投资策略是放弃投资股票与股票型基金，转向其他避险型的投资品种。反过来，当一个国家的失业率很低，那就应该多选择股票与股票型基金的投资。并减少债券、货币基金这些保本、风险低的理财产品。

虽然宏观经济与投资者的投资有着十分密切的关系，但有些股票投资者会发现，经济指标呈现的结果往往与股票走势不太一致，且有时候准而有时候不准，比如，当失业率提高的时候，金融市场中投资股票的投资者数量并没有减少；或者是当失业率降低的时候，金融市场中投资股票的投资者数量并没有增加，这是因为除了受到其他各项政策背后千丝万缕的复杂影响之外，经济指标存在滞后效应。

当宏观经济数据公布的时候，已经是上个季度或上个月的数据了，而股市反映的是对经济形势的预期，也就是先行表，这就造成一前一后，因而其股价表现必定领先于经济的实现表现。

既然这样，了解宏观经济对金融市场或者股票市场的作用是不是不大？当然并不是这样的，宏观经济的情况能够在金融市场中体现，即便投资者不能够对当下的投资进行判断，也能够通过随时关注宏观经济资料与政策信息，把握当前经济发展处于经济的何种阶段，并能对未来做出正确判断，从而不会掉入市场的“假利好”陷阱。

当投资者有了这些意识之后，有利于合理判断市场中什么时候将出现利好的政策有利于金融市场，这时候投资者就懂得何时应该提前进场买入股票。而当投资者在认为经济不再景气时，又懂得何时抛出股票，这就是懂宏观经济学的优势。

第二章
了解经济周期

经济始终在成长、衰退和危机之间循环往复，投资者常常从乐观的高峰跌落失望的深渊，又在某种契机下“东山再起”。

经济周期的波动，是理财投资活动中最为关键的考量因素，是开始实践之前必须学习、研究、掌握、遵循的理念和现实，如此基础与关键的知识点，可惜却总是被投资者忽略，市场上大多数投资书籍对此不做介绍，或者放在最后一笔带过。

不深入了解经济周期，难以进行有效的趋势判断，整个投资活动基本上等于缺少了有效的判断依据。

一、从季节交替中认识经济周期

提到“经济周期”这个词语，或许显得既专业但又陌生，但是说季节周期，比如一年四季的周而复始，投资者会相对容易理解一些。

那么，季节交替的现象和驱动季节交替的动力是什么？

在天文上，季节的划分是以地球在围绕太阳公转轨道上的位置确定的。地球围绕太阳公转的轨道是椭圆的，而且与其自转的平面有一个夹角。当地球在一年中不同的时候，处在公转轨道的不同位置时，地球上各个地方受到的太阳光照是不一样的，接收太阳的热量不同，因此就有了季节的变化和冷热的差异。由此就出现了春季、夏季、秋季和冬季的四季现象。而驱动季节交替的动力，就是“地球公转”，只要地球绕着太阳公转，那么，地球的一年四季就必然永远交替下去。

相比季节交替，驱动经济周期交替的现象又是什么呢？

先来看一张简单的周期图，如图 2-1 所示。

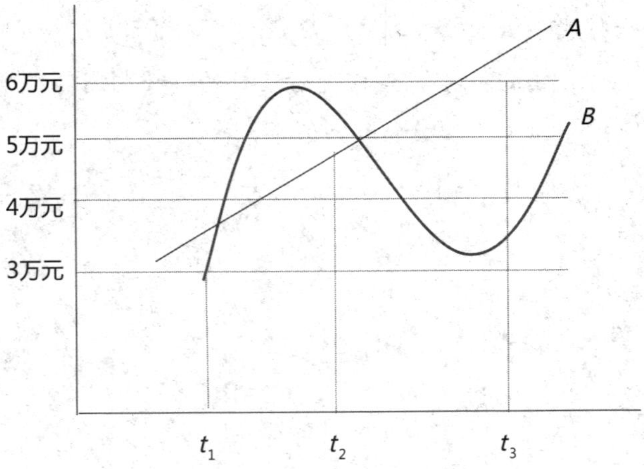

图 2-1　投资者的投资周期

如图 2-1 所示，横轴表示时间，纵轴表示收入，斜向上的黑色直线 A 表示投资者 1 的收入增长曲线，弯曲的曲线 B 表示投资者 1 的实际支出曲线。

我们假设，第一年，投资者 1 刚刚参加工作，因为投资者 1 的单位是实习年薪制，那么投资者 1 在第一年没有实质性的工资，可以看作处于经济衰退阶段。

第二年，投资者 1 收到了第一年的薪酬收入 4 万元，即 t_1，但是他的总支出为 4 万元，同时因为住房贷款支出，向银行借了 2 万元，总支出是 6 万元。但因投资者 1 在这一年有了收入，可以看作处于经济初步复苏阶段。

第三年，投资者 1 收到了第二年的薪酬收入 5 万元，即 t_2，支出为 1 万元，但第二年的借款到期，需要还钱 2 万元，于是总支出就变成了 3 万元，但因投资者 1 的收入增加，而总支出减少，可以看作处于经济增长阶段。

在不考虑借钱负债的情况下，投资者 1 每年收入的增长，来源于投资者 1 工作更卖力，付出了更多劳动，或者投资者 1 的生产效率更高了，同样的时间，产出的更多。总之，是投资者 1 的产出增加了。

产出的增加是因为生产力的进步，表明投资者 1 的经济状况从起步复苏正在向上运行，可是如果经济条件允许借贷呢，这时的投资者 1 会怎样？

投资者 1 会借钱，会提前消费，这就是投资者 1 第一年为什么可以比实际收入多消费 2 万元的原因。到第二年，投资者 1 因为要归还第一年借的钱，收入的一部分要拿去还债。这是第二年的实际支出比收入少了 2 万元的原因。

比较投资者 1 的实际支出和实际收入的变化曲线，不难发现这样两个简单的结论。

第一年：投资者 1 负债（加杠杆），实际支出大于实际收入。

第二年：投资者 1 还债（去杠杆），实际支出小于实际收入。

如果第三年投资者 1 又像第二年那样借钱消费，第三年归还，以此循环，就会重复出现上图的正弦曲线。支出曲线围绕收入曲线的波动，就构成了一个最直接的周期。

投资者 1 的收入与支出构成了一个简单的经济运行状况，即从经济衰退阶段到初步复苏阶段，从初步复苏阶段到经济增长阶段。

市场中有千千万万个投资者 1，千千万万个投资者 1 的经济状况就组成了宏观意义上的经济周期。

二、逃不开的经济周期

经济周期也称为商业周期、景气循环，一般是指经济活动沿着经济发展的总体趋势所经历的有规律的扩张和收缩，是国民总产出、总收入和总就业的波动，也是国民收入或总体经济活动扩张与紧缩的交替或周期性的波动变化。

金融现象基本的规律：经济周期

经济周期可以看作是一切金融现象最为基本的规律，所有在市场运行的事物终将均值回归。经济周期会让投资者理性地寻找真正有价值的事物进行投资，投资者也只有建立了经济周期的概念，才不会陷入迷茫之中。

我们从经济周期中能够找到事物的基本价值，这要从一个商品或一个企业说起，一个商品或者一个企业投入市场中，之所以能够受到市场的欢迎，能够经得起市场的检验，是因为具有一定的使用价值。具有真实的使用价值才能创造财富。如果没有给市场创造价值，那么即使被捧得再高，最终也将破灭。

当市场中的投资者都陷入非理性时，那么市场就非常危险了。此时此刻，投资者需要从经济周期的角度出发进行思考，要知道金融市场或者股市中不可能有永远上升的趋势，也不可能有永远下降的趋势。

从上文对经济周期的介绍，我们知道经济周期都是短期的，往往是以十年为单位，而推演到具体的投资风口，往往只有两三年而已；但是比经济周期更为影响深远的是文化周期，文化周期有时会影响数十年、上百年甚至上千年。

所以一个投资者，在投资时不仅要有经济周期的眼光，也要有文化周期的眼光。文化周期对经济周期影响巨大，道理非常简单，因为文化是每一个市场参与者主体的历史基因。没人能够完全摆脱历史的基因和文化的影响。市场参与的主体是人，而人的非理性往往又造成了市场的波动。

如果投资者探究的是经济周期中真正的趋势就会发现，金融市场或者股票市场中的上升与下降只不过是一个真理的表象，因为现实的经济周期内没有直线，只有波动。

在一个很长的波段中，从任何一个点前后望过去，看起来都像自己身处在一条直线而不是曲线上，我们身处的经济周期不停地从衰退阶段、萧条阶段、复苏阶段、繁荣阶段循环往复，而股市中的波动也是如此，一个上升与一个下降构成一个周期，一个下降与一个上升再构成另一个周期。

经济周期的两个阶段

经济波动以经济中的许多成分普遍而同期地扩张和收缩为特征，持续时间通常为 2 年至 10 年。现代宏观经济学中，经济周期发生在实际 GDP 相对于潜在 GDP 上升（扩张）或下降（收缩或衰退）的时候。每一个经济周期都可以分为如图 2-2 所示的两个阶段。

图 2-2　经济周期的两个阶段

上升阶段也称为繁荣阶段，最高点称为顶峰，然而，顶峰也是经济由盛转衰的转折点，此后经济就进入下降阶段，即衰退阶段，衰退阶段严重时则经济进入萧条阶段，衰退阶段的最低点称为谷底。

当然，谷底也是经济由衰转盛的一个转折点，此后经济进入上升阶段，如图 2-3 所示。

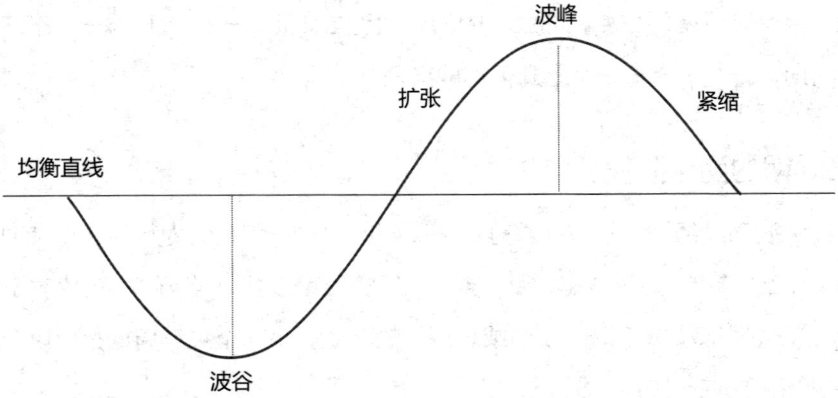

图 2-3　经济周期波动

如图 2-3 所示，经济从一个顶峰到另一个顶峰，或者从一个谷底到另一个谷底，就是一个完整的经济周期。现代经济学关于经济周期的定义，建立在经济增长率变化的基础上，指的是增长率上升和下降的交替过程。

在经济周期波动的扩张阶段时，是宏观经济环境和市场环境日益活跃的季节。在经济周期的扩张阶段，市场环境是灵活的、动态的，比如市场需求旺盛、订货饱满、商品畅销、生产趋升、资金周转灵便。

而在经济周期波动的收缩阶段时，是宏观经济环境和市场环境日趋紧缩的季节。在经济周期紧缩阶段，市场环境是不灵活的、相对静态的，比如市场需求疲软、订货不足、商品滞销、生产下降、资金周转不畅等。

经济周期的四个阶段

经济周期分为四个阶段，即衰退阶段、萧条阶段、复苏阶段、繁荣阶段，如图 2-4 所示。

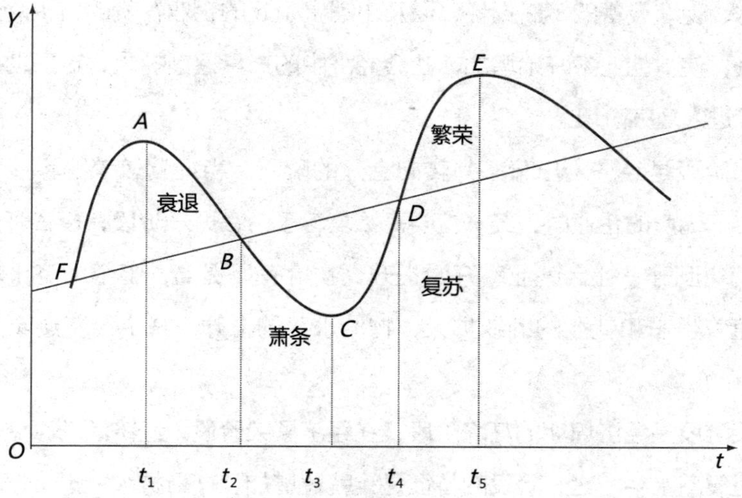

图 2-4　经济周期的四个阶段

注：Y 表示某种衡量经济水平的参数，如总 GDP；t 代表时间。

如图 2-4 所示，经济从之前的繁荣阶段走向衰退阶段，即 F 至 A 为上一个经济周期的繁荣阶段。上一个经济周期于 A 点结束之后，也从 A 点开始了新一轮的经济周期，t_1 ~ t_2 时间内的 A ~ B，为新一轮经济周期中的衰退阶段；t_2 ~ t_3 时间内的 B ~ C，为新一轮经济周期中的萧条阶段；t_3 ~ t_4 时间内的 C ~ D，为新一轮经济周期中的复苏阶段；t_4 ~ t_5 时间内的 D ~ E，为新一轮经济周期中的繁荣阶段。

经济衰退阶段出现在经济周期高峰过去之后。在经济衰退的初期，生产过剩引起物价下跌，利润减少，企业从而将减少投资和生产，这又会导致失业率增加，国民收入水平下降；而国民收入的下降将会引起消费减少，使得失业率进一步增加。不断这样恶性循环，最终导致经济进入萧条阶段。

经济萧条阶段是经济周期的谷底，萧条阶段的特征是投资减少、产品滞销、物价下降、企业利润下降、信用紧缩、生产减少，同时存在大量的失业现象，导致投资的产出量达到最低状态。在经济萧条阶段，投资者普遍对未来持有悲观的态度。

但是，经济不可能永远处于萧条时期，萧条时期也不可能无限延长，随着时间的推进、现有设备的不断损耗，以及由消费引起的企业存货的减少、企业考虑增加投资，使得就业率开始增加，社会经济中的产量逐渐扩大，进而助推经济从萧条阶段进入复苏阶段。

这一阶段是经济走出萧条并转向上升的阶段。当经营较差的企业被淘汰，仅仅留存下优质的企业时，经济就要开始复苏了。在这一阶段，投资开始增加，生产和销售回升，社会就业率开始提升，物价有所提高，整个经济呈现上升的状态。随着生产和就业的继续扩大，物价水平的上升，整个经济逐步走向繁荣阶段。

繁荣阶段是经济周期的高峰阶段，在经济繁荣阶段，经济活动频繁，总产出逐渐达到最高水平。这一阶段的特征是：就业增加、产量扩大、投资增加、信用扩张、物价水平上涨，投资者们对未来持乐观态度，经济繁荣阶段的最高点是经济的顶峰。

同样，经济繁荣也不会永远保持下去，当经济活动达到最高峰时，由于受到各种外界因素的作用，经济必然会从某个时刻起开始下滑，比如当需求受到反向冲击时，需求下降导致投资水平下降，也可能投资需求因受到直接冲击而下降，于是利率跟着下降，失业开始增加，总产出开始下降，经济开始进入衰退阶段。

三、经济周期的成因

关于经济周期的成因，有外因论，也有内因论。

外因论认为，周期源于经济体系之外的因素，如太阳黑子、战争、金矿或新资源的发现、科学突破或技术创新等。而内因论认为，周期源于经济体系内部——

收入、成本、投资在市场机制作用下的必然现象。

经济周期成因之外因论

外因论认为，周期源于图 2-5 中经济体系之外的几个因素。

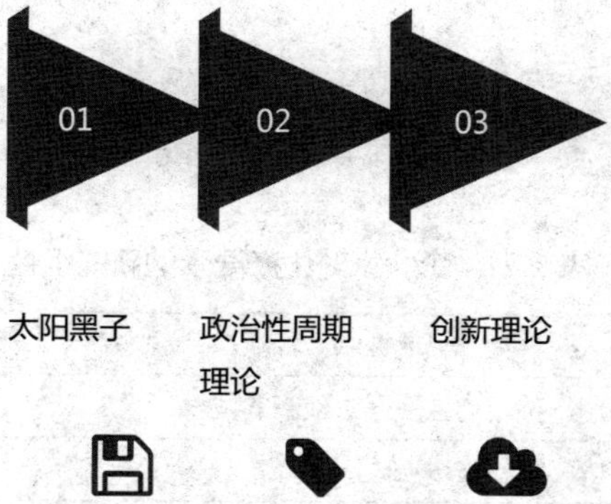

图 2-5　经济体系之外的因素

1. 太阳黑子理论

太阳黑子理论由英国经济学家杰文斯 (W.S. Jevons) 于 1875 年提出的。即把经济的周期性波动归因于太阳黑子的周期性变化。因为据说太阳黑子的周期性变化会影响气候的周期变化同时会影响农业收成，而农业收成的丰歉又会影响整个经济。

太阳黑子的出现是有规律的，大约每十年出现一次，因而经济周期大约也是每十年出现一次。

2. 政治性周期理论

政治性周期理论把经济周期性循环的原因归之为政府的周期性的决策，主要是为了循环解决通货膨胀和失业问题，即政府为了维持较高的经济增长速度，往往扩大总需求，从而导致通货膨胀。

政府制止通货膨胀的唯一方法是人为地制造一次衰退，当经济出现衰退后，政府在就业形势的压力下又不得不再次执行充分的就业政策，结果又推动了新的经济高涨，也就不可避免地会出现第二次人为衰退。

3. 创新理论

创新理论是奥地利经济学家约瑟夫·熊彼特（Joseph Alois Schumpeter）提出用于解释经济波动与发展的一个概念，即用创新来解释社会的发展，把创新作为社会前进的动力。

经济学家 J·熊彼特把创新一词定义为“新的生产函数的建立”，即“企业家对生产要素的新的组合”，它包括五种情况，如表 2–1 所示。

表 2–1　企业家对生产要素的新的组合

第一种情况	引入一种新产品或提供一种新产品
第二种情况	采用一种新的生产方法或新的技术
第三种情况	开辟一个新市场
第四种情况	获得一种原料或半成品的新的供给来源
第五种情况	实行一种新的企业组织形式

企业家通过借助银行扩大信用贷款的帮助、增雇工人、新建厂房、增添设备等方式，推动国民产品和国民收入的增加，促进消费品生产的增加。这时，由于企业家的创新利润高，刺激其他企业经理也在银行信贷的帮助下群起效仿，这就是经济周期的复苏和高涨。

在经济高涨阶段，厂商在乐观情绪的支配下，投资盛行，借助银行贷款扩大投资高估了社会对产品的需求。此外，消费者的乐观情绪高估了可能的收入，经常以抵押贷款的方式购买耐用消费品，消费者负债购买反过来刺激企业的过度投资。

所以，经济学家 J·熊彼特认为，经济周期的衰退与萧条，意味着新产品、新技术对旧的厂商和部门的冲击，那些在经济高涨期间过度扩大的投资在萧条阶段的毁灭是社会经济从失衡走向新的均衡必然的和有益的过程，从经济发展的角度来看，一旦萧条到达谷底，新的创新引致的复苏和高涨推动生产力在更高的水平上向前发展，均衡—失衡—在更高的水平上均衡，如此循环往复，周而复始。总之，该理论把周期性的原因归之为科学技术的创新。

经济周期成因之内因论

内因论认为，周期源于经济体系内部——收入、成本、投资在市场机制作用下的必然现象，如图 2-6 所示。

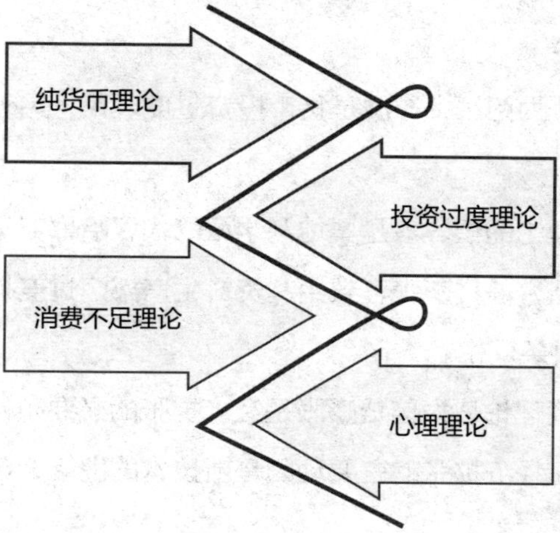

图 2-6　经济体系之内因论

1. 纯货币理论

纯货币理论主要由英国经济学家霍特里（Ralph George Hawtrey）在 1913-1933 年的一系列著作中提出的。

纯货币理论认为货币供应量和货币流通度直接决定了国民收入的波动，而且经济波动完全是由以下两个原因造成的：第一个原因是银行体系交替地扩张；第二个原因是紧缩信用，即在发达的市场体系中，流通工具是指银行的各种信用工具，商人运用的资本主要来自银行信用。

当银行体系降低利率、扩大信用时，商人就会向银行增加借款，从而增加向生产者的订货。这样就引起了生产的扩张和收入的增长，收入的增长又引起对商品需求的增加和物价上升，经济活动继续扩大，经济进入繁荣阶段。

但是银行扩大信用的能力并不是无限的，当银行体系被迫停止信用扩张，收缩信用时，商人得不到贷款，就会减少订货，由此出现了生产过剩的危机，经济进入萧条阶段。

在萧条时期，资金逐渐回到银行，银行可以通过某些途径来扩大信用，促进经济复苏。根据这一理论，其他非货币因素也会引起局部的萧条，但只有货币因素才能引起普遍的萧条。

2. 投资过度理论

投资过度理论分为两派，一派是货币投资过度理论，另外一派是非货币投资过度理论。

货币投资过度理论的倡导者是奥地利学派的代表哈耶克等，他认为信贷膨胀破坏经济体系的均衡，信贷膨胀导致生产资料生产部门过度扩张，引起经济扩张并由此导致危机和萧条产生。

非货币投资过度理论认为信贷膨胀是经济扩张的必要条件，但货币因素仍处于从属的被动地位。经济扩张的主要动因是新技术的发明、新市场的开拓以及萧条阶段的低利率。

3. 消费不足理论

该理论的代表人物是英国经济学家马尔萨斯，法国经济学家西斯蒙第和近代英国经济学家霍布森等，主要用于解释经济周期中危机阶段的出现以及生产过剩的原因。

消费不足理论认为，经济周期中出现萧条与危机是因为社会对消费品的需求赶不上消费品的增长，而消费品需求不足又引起对资本品需求不足，进而使整个经济出现生产过剩危机。消费不足的根源则主要是由于国民收入分配不均所造成的穷人购买力不足和富人储蓄过度。

但是，该理论有一个缺陷，即它只解释了经济周期危机产生的原因，而未说明其他三个阶段。所以，在周期理论中，它并不占有十分重要的位置。

4. 心理理论

心理理论和投资过度理论是紧密相连的。心理理论认为经济的循环周期取决于投资，而投资的多少主要取决于投资者们对未来的预期，而预期却是一种心理现象，而心理现象又具有不确定性的特点。

因此，经济波动的最终原因取决于人们对未来的预期。当人们对未来的预期乐观时，增加投资，经济步入复苏与繁荣，当人们对未来的预期悲观时，减少投资，经济则陷入衰退与萧条。随着人们情绪的变化，经济也就周期性地发生波动。

四、经济周期与价格波动

在上文“经济周期的成因”中，简单介绍了形成经济周期的各种因素，其中外因论中的“创新理论”以及内因论中的“纯货币理论”中都提到了“信贷”这一词语，下面先从影响经济周期波动的根源——“信贷”开始介绍。

经济周期中的借贷

这里，我们还以第一节中“投资者 1”为案例进行分析。

首先可以先思考这样一个问题，即对于经济系统里的任何一笔交易来说，这笔交易的价格是如何确定的？

不难理解，每笔交易的价格应该是由总支出除以总数量的结果，如图 2–7 所示。

比如投资者 1 花了 2000 元，在网上购买了两台电视机，那么，每台电视机的价格就是：

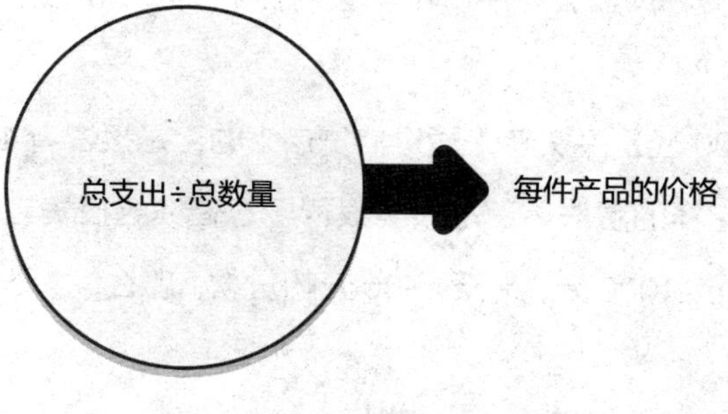

图 2–7　价格确定

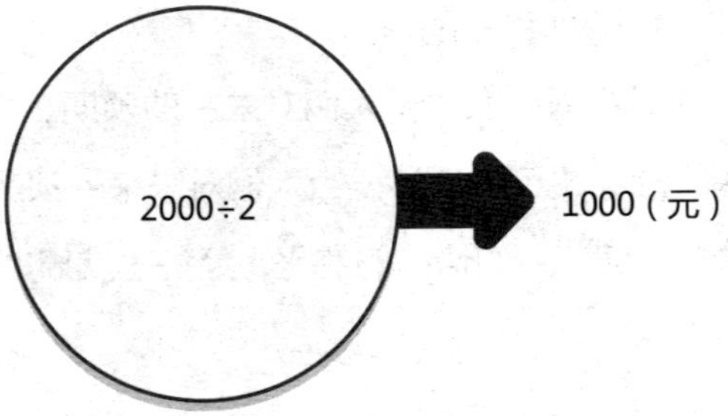

图 2–7　价格确定

即每台电视机的价格就是 1000 元。但是，在这 2000 元支出当中，投资者 1 的收入有 1000 元，找银行贷款 1000 元，于是，原先的“总支出 ÷ 总数量 = 每件产品的价格”的公式就会发生变化，如图 2–8 所示。

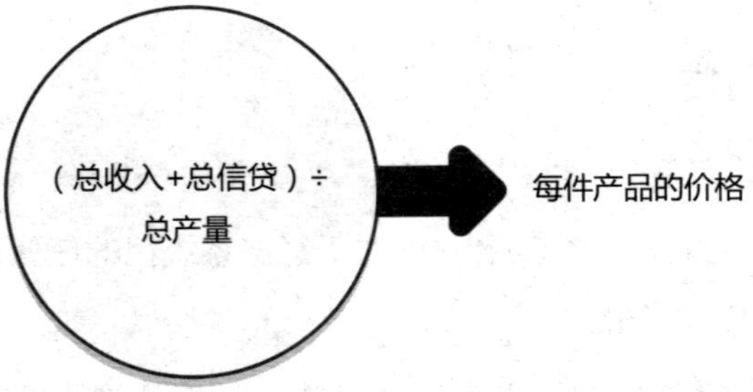

图 2–8　价格公式

即每台电视机的价格就是（1000+1000）÷2=1000（元），也就是说，第一个 1000 元是投资者 1 的真实收入，投资者 1 需要老老实实上班工作，提高工作技能，才能不断增长。宏观经济上，它对应着生产力的进步，或者叫产出的增长。

而第二个 1000 元是投资者 1 通过信贷借来的，是投资者 1 的债务。

或许你会有这样的想法，若是只要银行愿意借钱给投资者 1，投资者 1 就能轻松地获得 500 元、1000 元，甚至 1500 元的贷款，那么，这个想法是否合理呢？答案是不合理。

如果银行不断地借钱给投资者 1，比如每年可以多借给投资者以 12000 元，但是电视机的生产厂商供不应求，每年产量只能增加最多50%，这个时候会出现什么情况？如图2-9所示。

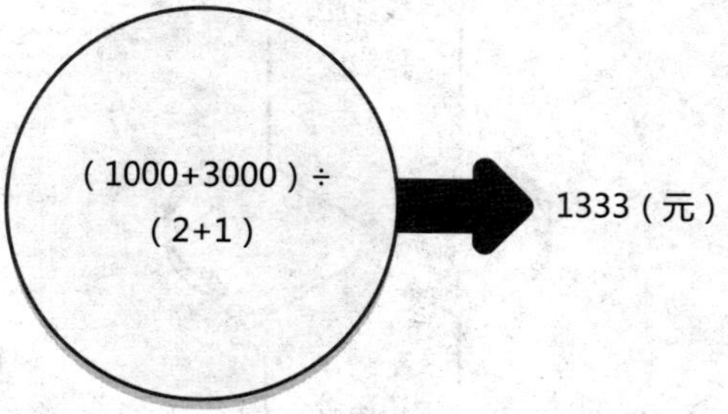

图2-9 通货膨胀

即每台电视机的价格就是（1000+3000）÷（2+1）≈1333（元）。也就是说，这个时候就会发展每台电视机的价格涨价了33.3%的情况，这是什么现象，这就是出现了通货膨胀，

对于借不到钱的其他投资者来说，恐怕就难以购买电视机了，因为电视机涨价了，涨价的幅度是33.3%。

若是我们把投资者1买电视机的案例对应到经济学当中，把案例中的电视机换成车子、房子、股票，也是一样的道理。

让我们从这个例子中来总结以下几个主要的结论。

第一个结论：市场的价格水平由总支出/总产出决定；

第二个结论：总支出又分为来源于生产进步的实际收入与来源于信贷的债务；

第三个结论：生产率的提高比信贷的增长更为困难，因此，在实际经济当中，价格水平的变化，往往是因为信贷的变化引起的。因此，信贷是经济出现周期波动的根源。信贷就是负债，那信贷水平又是由什么决定呢？答案是利率。

经济周期中的利率

我们仍以“投资者1”为案例进行分析，决定投资者1能借到多少钱，最直接的是两个因素，如图2-10所示。

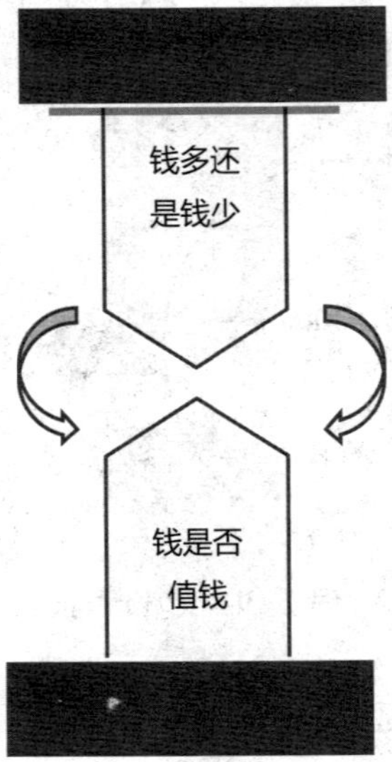

图 2-10　决定投资者 1 借到多少钱的两个因素

当然这两个因素又是相互影响的。

这里重点说第二个因素：钱是否值钱，就是利率。

很显然，利率越高，投资者 1 要还的利息越高，投资者 1 向银行借钱的意愿就会越低，如果利率高导致投资者 1 借钱少，那么投资者 1 的总支出就会变少。投资者 1 的总支出变少了，那一定有其他投资者的收入跟着变少。其他投资者的收入变少了，意味着其他投资者的支出也会变少。

如此循环下去，最终的结果就是整个经济系统的支出都会变少。

因为“总支出 ÷ 总产出 = 价格水平”，所以，总支出变少了，总产量变化速度会慢很多，或者叫钝化（因为生产设备、用工数量，不会像利率、信贷那样瞬间就可以调整），于是市场的价格水平就会下降。

比如，我国提高利率，投资者 1 只愿意找银行借 500 元人民币，于是投资者 1 能支出的钱变成了 1500 元。

电视机的产量还没来得及收缩，还是 2 个，于是每台电视机的价格变成了 750 元人民币，如图 2-11 所示。

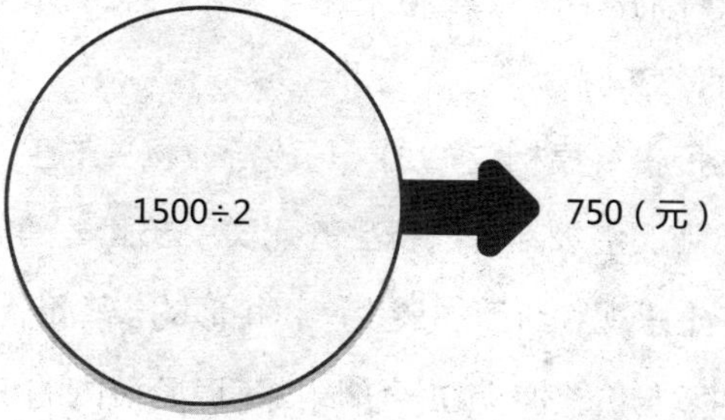

图 2–11　价格下降

由此可见，电视机的价格或者是车子、房子的价格什么时候会降？答案是利率（持续）升高，信贷（持续）收缩的时候。具体来说，利率持续维持在高位，整体信贷收缩，进而导致进入房地产的支出减少。

这就是利率通过信贷影响经济的路径，如图 2–12 所示。

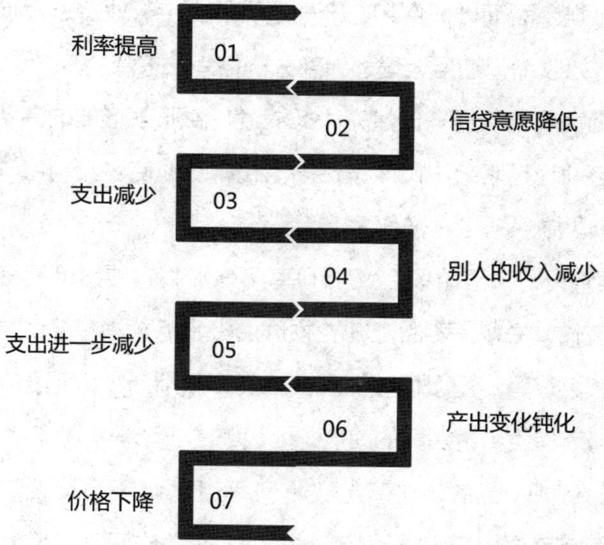

图 2–12　利益通过信贷影响经济的路径

因此，实际利率是生产者进行投资决策的重要依据，当信用扩张，即借贷市场的货币供应量扩大开始发生时，实际利率不变而名义利率降低，生产者受到名义利率误导、认为利润空间扩大。

于是某些行业的投资规模相应扩大、与该行业相关的生产资料价格上涨，该行业工人由于工资上涨而增加部分消费品的购买引起此类消费品价格上涨，进而使此类消费品厂商产生乐观判断而扩大生产，相似的步骤继而发生。

由此，总结出利率与价格波动在经济周期不同阶段内的表现。

（1）繁荣阶段：在扩张过程中，货币供应量剧增带来的通货膨胀慢慢按照前述类型的路径发散，实际利率将在此背景下上升。随着通货膨胀的时间持续，人们渐渐形成大小不一的通胀预期，实际利率上升，消费倾向加强，消费品价格也扩大涨幅，该阶段当中，伴随着人们普遍的乐观情绪，除了商品和服务市场，金融类市场也出现繁荣，股票和各类投资品的价格大涨。

（2）衰退阶段：信用扩张往往不能持久，在货币体系崩溃以前，银行便会采取缩紧银根的措施，提高名义利率，导致一部分竞争力弱、在繁荣阶段扩大产能的生产者资金链断裂而破产倒闭，产能过剩的上游行业普遍亏损，居于下游的消费品行业也开始收缩但速度较慢、大部分价格尚未下降。

由于此时名义利率的提高仍然无法抵消通货膨胀下形成的高实际利率，扩张时的过量信用必须通过紧缩货币政策逐渐消化，从而使名义利率与实际利率的重新匹配，衰退阶段中后期可以被称为“滞涨”。

（3）萧条阶段：衰退阶段名义上利率逐渐提高、破产面逐渐增大，经济基本停滞甚至负增长，失业率不断上升，物价由投资品至消费品的梯次下降。劣质企业逐步被淘汰，过量信用慢慢被清理，通货膨胀渐渐被消弭，在这个过程中名义利率与实际利率加快重新匹配的速度，为正常的市场复苏准备条件。

（4）复苏阶段：当名义利率与实际利率自然调整到接近的水平时，生产者重新得以依据正确的利率进行投资决策，生产慢慢回到正常轨道，经济开始复苏。

五、经济周期中的股市

“投资就是要学会如何应对未来”这句话非常重要，其实金融就是和时间打交道，作为一个投资者不能够理解未来，不能够穿透市场表象，是不足以成为一流的投资者的。

因为投资只有通过时间来作为尺度才有价值，而金融的时间往往是有周期的，在市场中的事物永远逃不过周期定律。

经济周期是决定股票价格长期走势的重要因素。

推崇价值投资的巴菲特曾说过：“在经济上，经济周期的变化非常重要，并且全球经济越来越表现出较强的联动性，如美国出现次贷危机，几乎全球所有的国家和地区都不可避免；货币政策对企业和股市的影响也很大……”

可见经济周期对金融市场的影响是非常大的，宏观经济周期的变动，或称市场景气的变动，是影响股价变动的最重要的市场因素之一，它对企业运营及股价的影响极大，是股市的大行情。因此经济周期与股价的关联性是投资者不能忽视的。

西方经济学家一般把经济周期分为四个阶段：繁荣阶段、衰退阶段、萧条阶段和复苏阶段。随着这四个阶段的交替出现，股票市场也会随之产生周期性波动，如表 2-2 所示。

表 2-2　经济周期中的股票价格状况

经济衰退时期	股票价格逐渐下跌
经济萧条时期	股价跌至最低点
经济复苏时期	股价又会逐步上升
经济繁荣时期	股价上涨至最高点

这种变动的具体原因是，当经济开始衰退之后，企业的产量会随产品滞销、利润相应减少，势必导致股息、红利也不断减少，持股的股东因股票收益不佳而纷纷抛售，因此导致股票价格下跌。

而股票价格的急剧下跌使得股票市场的收益率会向低于利率的方向转化，于是投资者们纷纷逃离股票市场。

当经济衰退已经达到经济萧条时，整个经济体系处于瘫痪状态，大量的企业倒闭，股票市场非常混乱，股票价格动向不一，导致投资者担心股利减少，股票持有者由于对形势持悲观态度，纷纷卖出手中的股票，从而使整个股市的价格大跌，市场处于萧条和混乱之中，因此股票价格提前达到谷底。这就是经济周期对股票市场价格变动的影响，从这个时期不难看出，经济周期是决定股票价格长期走势的重要因素。

由于受投资者预期的影响，经济周期经过最低谷之后又出现缓慢复苏的势头，最初，股票价格指数会先于经济周期的变动而变动，这主要由两方面因素造成，如图 2-13 所示。

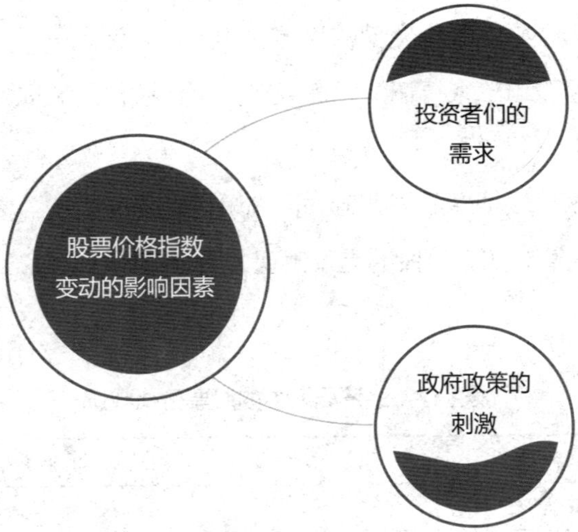

图 2-13　股票价格指数变动的影响因素

一方面，市场仍然萧条，实际的股利没有增加，但是投资者压抑的需求正慢慢显露出来，未来的市场前景看好，企业也积极为新一轮的经济增长制订筹资计划；另一方面，政府为了刺激增长会采取一系列经济政策以创造宽松的经济环境，为企业发展创造了外部条件。正是这些信息使得投资者对未来充满信心，期望低价投资获得未来的高回报，因此股票市场将提前复苏，股价开始上涨，股价指数先于经济而上升。

随着经济结构的调整，经济由萧条走向复苏的后期，商品开始有一定的销售量，企业又能开始给股东分发一些股息红利，股东慢慢觉得持股有利可图，于是纷纷购买，使股价回升。

经济由复苏达到繁荣阶段时，预期股利增加，企业纷纷筹资扩大规模，利率也开始提高，由于投资者对未来充满信心，股票价格、股息、红利相应增多上涨至最高点，但到了经济扩张的末期，由于资金成本过高，股价已上升至高位，投资者预期股价上升有限甚至下降。看空的预期使得股票价格提前下跌，股价指数先于经济发展的减慢而下跌了。

投资者应当看到，经济周期影响股价变动，但两者的变动周期又不是完全同步的。通常的情况是，不管在经济周期的哪一个阶段，股价变动总是比实际的经济周期变动要领先一步，如表 2-3 所示。

表 2-3　股价变动快于经济周期变动

在经济衰退以前	股价已开始下跌
在经济复苏之前	股价已经回升
经济周期未步入高峰阶段时	股价已经见顶
经济仍处于衰退期间	股市已开始从谷底回升

这是因为股市股价的涨落包含着投资者对经济走势变动的预期和投资者的心理反应等因素。

第三章

熟知市场中的投资品种

对于金融市场中不同投资品种的看法和理解，千人千面，各执一词，我认为对于投资品种最好的定义是格雷厄姆提出的“安全保障＋满意回报”，当然，每位投资者心中对于“安全保障＋满意回报”的定义不同，从而考虑的投资种类也不同。甚至一些投资者根本在投资之前没有仔细研究过这些投资品种，也没有研究这些投资品种与市场、自身资产之间的关联。

本节结合金融市场，主要介绍金融市场中常见的投资品种如股票、外汇、期货与黄金等，以及对这些投资品种的理解。

一、股票：既是高收益，也是高风险

在众多投资品种中，股票是我们较熟悉的投资品种，股票投资是指企业或个人通过股票交易获得收益的行为。

投资市场中目前最为成功的股票投资者当属沃伦·巴菲特。

沃伦·巴菲特，全球著名的投资商，1930 年 8 月 30 日生于美国内布拉斯加州的奥马哈市。

1941 年，巴菲特刚刚 11 周岁，便投身股海，并购买了平生第一只股票，经过数十年的价值投资，巴菲特获得了巨额的投资回报，2017 年 3 月 7 日，《2017 胡润全球富豪榜》发布，巴菲特排名第二。2018 年 2 月 28 日，胡润研究院发布《2018 胡润全球富豪榜》，巴菲特以 6450 亿元财富排名第二。

不得不说，巴菲特是股市中的大投资商，在他的投资生涯中，最让投资者们敬佩的案例之一，便是投资可口可乐的案例。

1980 年秋，可口可乐公司发现有人在买它的股票。董事长罗伯特·C. 戈伊兹亚塔和总经理唐纳德·凯奥对此人是谁十分好奇。当时可口可乐的股价已从市场崩溃前的高度中下跌了 25%，这位神秘来客却在此时大量购进股票。当凯奥发现是中西部的某位经纪人在买进时，他突然想起了沃伦·巴菲特。

果然如此，购买可口可乐公司股票的正是巴菲特，到 1981 年春，巴菲特已买了 10 亿 2000 万美元即 7% 的可口可乐股票，平均价是 10.96 美元。经过短短三年，巴菲特在可口可乐的股票就涨到了 37 亿 5000 万美元——差不多是他开始投资可口可乐时所有资产的总值。

可口可乐的股价有什么变化？如图 3–1 所示。

图 3–1　可口可乐股票价格变化

造成图 3–1 这种变化的主要原因是华尔街对本行业的认识发生了变化。起初，没有人相信它能走出困境。但是在巴菲特投资之后，投资者们突然发现可口可乐变得很受欢迎，地球上几乎有人的地方就有可口可乐的踪迹。

每个美国人平均每年要喝掉 296 瓶可口可乐，而外国人则喝掉 39 瓶。可口可乐公司正迫不及待地要填补这个差距，它在东欧、法国、中国和整个太平洋地区迅速扩大市场。截至目前，可口可乐在日本的盈利已经超过美国。

可能会有人问，巴菲特是如何判断股票价值的。对此，巴菲特把股票比作债券。债券的价值在于把它将来的收益换算成现在的收益。股票价值的计算也一样，它等于预测每股的资金的变化，不同的只是投资者必须自己来判断细节问题：

如果购买债券，则很清楚将来的收益是多少，如果一种债券——美国政府债券说它的利率为 9%，是否有可能预测 30 年内的票息会是多少？如果购买的是公司股票，也有股息，唯一不同的是没印上数额而已。这就要靠投资者自己计算出来或给它印上数额了。

于是，巴菲特继续购买可口可乐公司的股票，以表 3–1 为例，我们来看巴菲特历年投资可口可乐公司股票的过程。

表 3-1　巴菲特投资可口可乐公司股票金额和数量

时间	每股购入金额 / 美元	购买数量 / 万股
1988 年	5.2	11 300
1989 年	5.6	7400
1991 年	21	1300

巴菲特 1988 年买入可口可乐股票约 5.88 亿美元，1989 年大幅增持，总投资增至约 10.24 亿美元。1991 年就升值到约 37.43 亿美元，2 年涨了约 2.66 倍。

1994 年，巴菲特继续增持，总投资达到 13 亿美元，此后持股一直稳定不变。1997 年年底巴菲特持有可口可乐股票市值上涨到 133 亿美元，10 年间赚了 10 倍，仅仅 1 只股票就为巴菲特赚取了 100 亿美元。

截至 2016 年年底，巴菲特持有的可口可乐股票市值上涨到 170 亿美元，在巴菲特持股的 28 年中，共赚取了 157 亿美元。

从巴菲特投资可口可乐公司股票的案例中我们能够看出，股票是一个高收益、高风险的投资品种，巴菲特从可口可乐公司股票的低谷购买，坚持价值投资，赚取了巨额利润，如今，巴菲特依然持有大量的可口可乐公司股票。正是因为坚持价值投资，才能够使得巴菲特成为最成功的投资商之一。

在如今的投资市场中，股票投资除了具有高风险、高收益的特征之外，还具流动性好的特征。在股市中，尽管股票持有人不能够退股，但是当股票持有人需要资金时，可以到证券市场上去通过卖出股票而获取资金。还可以作为抵押品向银行或其他金融机构申请抵押贷款。

在股票交易发达的国家和地区，持有股票与持有现金几乎没有什么区别，正是股票的流动性促进了社会资金的有效配置和高效利用。

二、世界上公平的交易——外汇

有一位著名的政治家兼投资者——“布鲁斯・柯夫纳”。其是学者出身，哈佛毕业后在哈佛和宾州大学教授政治学。20 世纪 70 年代初，他开始从政，先是帮别人竞选，打算将来自己参加竞选。由于缺少经费，他又不愿意从委员会做起慢慢往上爬，所以最终只好放弃从政的计划。

布鲁斯·柯夫纳四处探寻事业方向，最后发觉自己的政治和经济学背景很适合金融市场。一旦明确奋斗目标，柯夫纳便一头扎进金融文献里。

此后，柯夫纳主要从事外汇交易，期货现货都参与，而且不管哪国货币，只要有机会就进场，每天进出交易量经常达数亿美元。他深厚的政治、经济学功底使他对外汇市场有透彻而独到的见解。

正是因为良好的政治和经济学背景，柯夫纳对分析世界政治、经济局势非常着迷，这对于外汇交易来说也是非常重要的，能够帮助他观察市场波动，在第一时间做出正确对策。

布鲁斯·柯夫纳从事外汇交易十几年，战绩惊人，每年平均收益将近翻一番。1978 年投资 1000 美元给他操作，到 1991 年已变成百万美元。

从布鲁斯·柯夫纳进行外汇交易我们能够看出，外汇市场具有巨大的投资前景，从 1974 年的外汇市场初始，当时的全球日交易量仅为 10 亿美元，几乎没有任何衍生品交易。到了 40 多年后的今天，外汇市场现货日均交易量达到了数万亿美元。分别高于美国国债市场日均交易量和全球股票市场的日均交易量。

对于“外汇是什么？”这个问题，我想金融市场中的投资者都了解，但什么是“外汇投资”呢？要从两个方面进行分析。

第一个方面：从金融投资的角度来说，外汇投资是指投资者为了获取投资收益而进行的不同货币之间的兑换行为。

第二个方面：从资产配置的角度，也可以把外汇看成是一种资产类别来配置的投资。

对投资者而言，外汇投资可以成为一个有吸引力的投资机会，投资者既可以系统性地买入并持有外币以待其大幅升值；也可以利用不同币种的利息差进行跨币种的套利（即借入低息货币，如日元，而投资于高息货币，如澳元、新西兰元）；还可以根据对基本面和技术面的分析，进行不同外汇之间短线的投机交易。

了解了什么是外汇投资之后，这里简单介绍投资者参与外汇投资的主要方法，如图 3-2 所示。

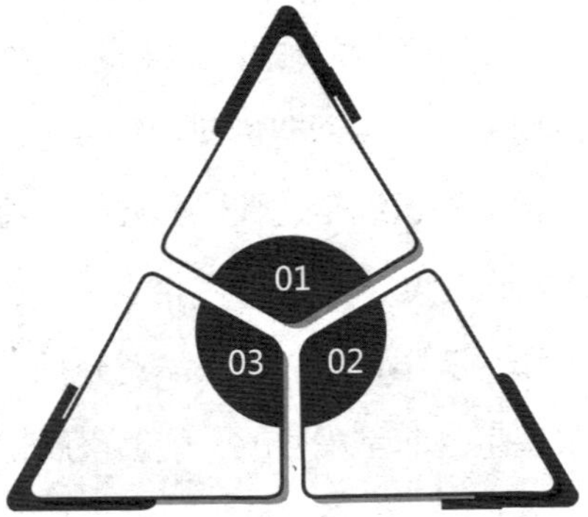

图 3-2　外汇投资的主要方法

1. 实盘跨币种买卖

当预期某种可自由兑换的外币在未来一段时间内相对现在所持有的外币汇率升高时，投资者可将自己持有的币种兑换成预期将升值的外币，通过这种方式来获得汇率差额的利润。

2. 保证金放大交易

保证金放大交易是指投资者通过与指定银行等机构签约，开立专门投资账户，存入一笔资金（保证金）作为担保，由银行等设定信用操作额度（即 20 ~ 200 倍的杠杆效应）。

投资者可在额度内自由买卖同等价值的即期外汇，操作所造成的损益，自动从上述投资账户内扣除或存入。让小额投资者可以利用较少的资金，获得较大的交易额度。

当然，利用杠杆原理做到以小博大，可能在汇率变动中创造更多的利润，同时也可能因判断趋势有误而血本无归。前面提到过的利用利息差跨币种套利也可通过保证金放大交易来实现。

3. 双币种投资

双币种投资是一款集定期存款与外币期权投资于一身的非保本投资产品。其优点是潜在收益高，在定价日，如果投资货币相对于对应货币参照行使价贬值或等于行使价，客户得到以投资货币支付的投资金额和投资收益。

但是，高收益也伴随着高风险，在定价时，如果投资货币相对于对应货币参照行使价升值，投资者得到以对应货币支付的投资金额和约定利息，该金额按现行即期汇率兑换投资货币，则金额可能远低于初始投资金额。

如今，外汇衍生品琳琅满目，市场的重要性与日俱增，这是由于外汇投资的特点，即可以双向交易，24 小时连续，有高杠杆的可能。

也正是外汇具有“双向交易，24 小时连续，有高杠杆的可能”这些特点，我们能够发现一个有趣的现象，股票、债券和商品价格同时下跌在理论上是可能的，然而，所有外汇货币同时下跌在理论上几乎是不可能的，因为货币的价值是以其他货币来表示的，一种货币贬值，另一种货币必然会升值。因此外汇类资产对整体投资组合的稳定作用是显而易见的。

三、期货投资：长期稳定赢利模式

在介绍期货投资之前，我想先介绍一位具有传奇色彩的人物——理查德·丹尼斯，理查德·丹尼斯(Richard Dennis)生于 1949 年 1 月 9 日，在芝加哥长大，20 世纪 60 年代末，未满 20 岁的理查德·丹尼斯在交易所担任场内跑手，两三年后，他觉得时机成熟，准备亲自投入期货市场一试身手。

80 年代，丹尼斯已成为期货市场叱咤风云的人物，只要他一下单入场经常可以带动市势。他的成绩继续提高，平均每年都从市场赚取 5000 万美元以上的利润。但是在 1987 年股灾中，丹尼斯遭受重挫。1988 年，理查德·丹尼斯淡出交易所，留下一座传奇丰碑。理查德·丹尼斯通过交易将微不足道的本金转变成巨大的财富，据估计他的财富将近 2 亿美元。

在期货投资生涯中，理查德·丹尼斯是成功的案例，期货市场的巨大利润让他积累了丰富的经验和巨大的财富。

如今，期货投资的种类在逐渐增多，期货投资者队伍也在不断扩大，与此同时，还有一大批投资新手准备跨进期货交易市场。

期货投资是相对于现货交易的一种交易方式，是在现货交易的基础上发展起来的。通过在期货交易所买卖标准化的期货合约而进行的一种有组织的交易方式。

期货投资业务是一项很广泛的业务，从个人投资者到银行、基金机构都可成为参与者，并在期货市场上扮演着各自的角色。通常将期货投资业务分成两个大类，即稳健类投资和风险类投资，稳健性投资是指跨市套利、跨月套利、跨品种套利等套利交易。而风险性投资是指在市场中进行单边买卖的交易。

无论是稳健类投资还是风险类投资，期货投资具有以下五点交易特征，如图 3-3 所示。

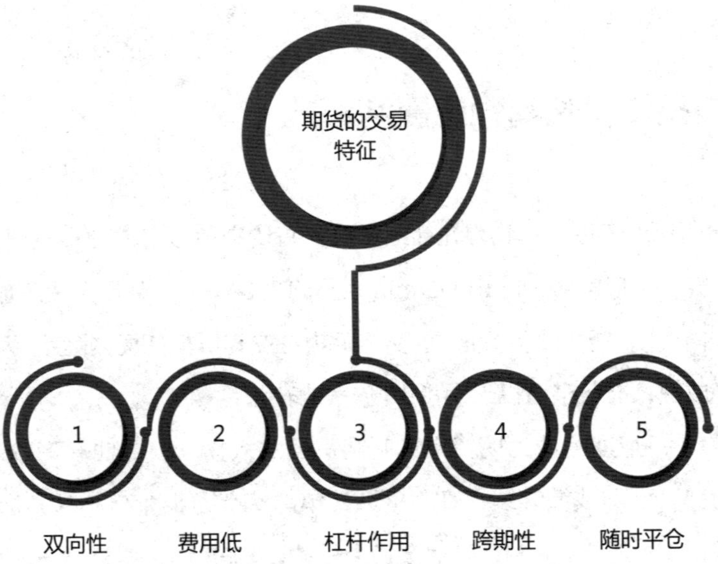

图 3-3　期货投资的交易特征

1. 双向性

期货交易与股市的一个最大区别就是期货可以双向交易，期货可以买多也可买空。价格上涨时可以低买高卖，价格下跌时可以高卖低买。做多可以赚钱，做空也可以赚钱，所以说期货无熊市。

2. 费用低

期货交易国家不征收印花税等税费，唯一收取的费用就是交易手续费。国内三家交易所手续在万分之二、三，加上经纪公司的附加费用，单边手续费亦不足交易额的千分之一。

3. 杠杆作用

杠杆原理是期货投资的魅力所在。期货市场里交易无须支付全部资金，国内期货交易只需要支付 5% 保证金即可获得未来交易的权利。由于保证金的运用，原本行情被以十余倍放大。

股指期货交易不需要全额支付合约价值的资金，只需要支付一定比例的保证金就可以签订较大价值的合约。当然，在收益可能成倍放大的同时，投资者可能承担的损失也是成倍放大的。

4. 跨期性

股指期货跨期性投资是交易双方通过对股票指数变动趋势的预测，约定在未来某一时间按照一定条件进行交易的合约。因此，股指期货跨期性的交易是建立在对未来预期的基础之上，其准确与否直接决定投资者的盈亏。

5. 随时平仓

期货交易是“T+0”的交易，使您的资金应用达到极致，在把握趋势后，可以随时交易，随时平仓，以此增加投资的安全性。

四、能够对抗通货膨胀的黄金投资

说到黄金，下面介绍一位投资家——吉姆·罗杰斯，是现代华尔街的风云人物，被誉为最富远见的国际投资家，是美国证券界最成功的实践家之一。他毕业于耶鲁大学和牛津大学，选择投资管理行业开始了自己的职业生涯。

1970 年和索罗斯共同创建量子基金。量子基金连续十年的年均收益率超过 50%。1980 年，37 岁的罗杰斯从量子基金退出，此时他自己已经积累了数千万美元的财富。1980 年后，罗杰斯开始了自己的投资事业，将不断探索的投资法则运用到投资中，最终获得成功。

在吉姆·罗杰斯遵循的投资法则中，有三个最为出名，如图 3-4 所示。

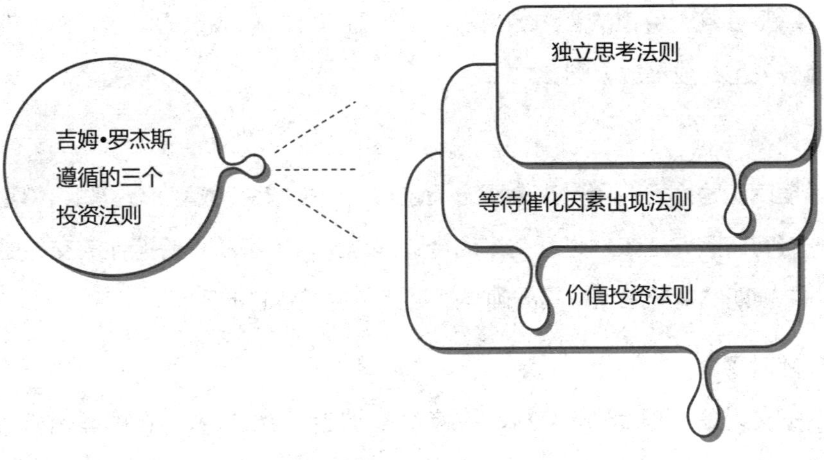

图 3-4　吉姆·罗杰斯遵循的三个投资法则

关于独立思考这一法则，吉姆·罗杰斯说："我总是发现自己埋头苦读很有用处。我发现，如果我只按照自己所理解的行事，既容易又有利可图，而不是要别人告诉我该怎么做。"

吉姆·罗杰斯从来都不重视华尔街的证券分析家，他认为，这些人随大流，而事实上没有人能靠随大流而发财，并说：“我可以保证，市场永远是错的。必须独立思考，必须抛开羊群心理。”

关于等待催化因素出现法则，吉姆·罗杰斯认为市场走势时常会呈现长期的低迷不振。为了避免使资金陷入如一潭死水的市场中，投资者应该等待能够改变市场走势的催化因素出现。

关于价值投资这一法则，吉姆·罗杰斯说：“如果你是因为商品具有实际价值而买进，即使买进的时机不对，你也不至于遭到重大亏损。平常时间，最好静坐，越少买卖越好，永远耐心地等候投资机会的来临。我不认为我是一个炒家，我只是一位机会主义者，等候机会出现，在有十足信心的情形下才出击。”

正是遵循着这些投资法则，吉姆·罗杰斯取得了巨大的成功。2018 年 5 月，投资家吉姆·罗杰斯现身杭州，与到场的投资者分享了自己的投资观以及对黄金走势的看法，开启了新一轮关于黄金投资的热议，吉姆·罗杰斯告诉听众：“我持有大量黄金。”

吉姆·罗杰斯表示，黄金作为一个迄今为止金融市场最主要的资产投资途径，一直是他最为关注的经济数据之一，持有黄金是一个非常重要的投资策略，在他本人的资产配置中一直占非常大比例。

吉姆·罗杰斯继续分享道：“每当美元指数达到一定高度的时候，我都会将手中的美元资产换成人民币资产或者黄金资产，以规避美元持续上行所带来的风险，而现在持续上涨的美元指数显然已使美元处在一个危险的境地。”

可见，投资黄金也是一种收益的选择，而且具有潜在的利润。

常言道：盛世藏古董，乱世买黄金。黄金由于其内在价值稳定性，具有不可替代的避险功能，因此对于国家安全具有重要的战略意义，在各国央行储备资产中均占据一席之地。对于个人和机构投资者而言，黄金具有较高的流动性，易于转移和转换，为全球普遍接受，同时具有抗通胀、避险功能，尤其在全球宏观环境复杂多变、地缘政治不确定性增多的情形下，深受全球投资者青睐。黄金在资产配置中具有重大意义，是提高抗风险能力以及资产质量的有效手段之一。

黄金投资手段多样，如图 3-5 所示。

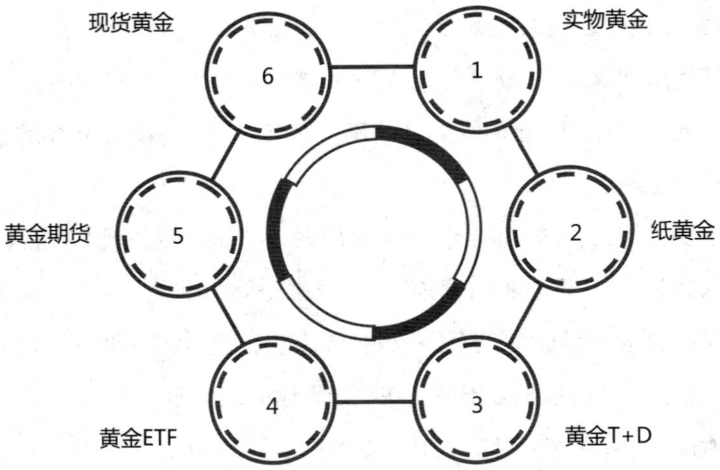

图 3-5　黄金投资手段

1. 实物黄金

实物黄金包含金币、金条和黄金首饰。实物金中的黄金首饰以 1 ： 1 的形式，即多少货币购买多少黄金保值，只能买涨，不能买跌，投资额大；而金条具有抗风险能力高、资金变现快、具有收藏功能、适合大额资金的优点。

2. 纸黄金

纸黄金是一种个人凭证式黄金，纸黄金实际上是通过投机交易获利，而不是对黄金实物投资。投资者按银行报价在账面上买卖“虚拟”黄金，个人通过把握国际金价走势低吸高抛，赚取黄金价格的波动差价，不发生实际黄金的提取与交割。

3. 黄金 T+D

黄金 T+D（T+D 交易品种简称 TD），是由上海黄金交易所制定的交易模式，以杠杆比例 1 ： 5，交易分三个时间段，具有双向买卖、无点差等特点，但高杠杆交易并不适合普通的投资者，比较适合具有一定投资经验、执行力度较好、有高风险承受能力的投资者。

4. 黄金 ETF

黄金 ETF 是指绝大部分基金财产以黄金为基础资产进行投资，紧密跟踪黄金价格，并在证券交易所上市的开放式基金。由于其交易流程简单便捷，具有存储安全、交易成本低、交易手段灵活、流动性高等特点，因此近几年黄金 ETF 在全球的投资热潮中极受追捧。

5. 黄金期货

黄金期货是指以国际黄金市场未来某时点的黄金价格为交易标的的期货合约，投资人买卖黄金期货的盈亏，是由进场到出场两个时间的金价价差来衡量。

采用保证金交易模式，具有杠杆，因此可以极大降低资金的占用率，但同时也增大了市场的波动性，需要更加专业的管理风险、控制仓位。

由于期货具有发现价格的功能，能更加客观地体现出市场对于未来现货价格走势的预期，而黄金期货交易对投资者提出了更高的专业要求，需要专业的投资知识和技巧。

6. 现货黄金

现货黄金就是媒体上经常说到的“伦敦金”，“伦敦金”存放在伦敦城地下金库里，“伦敦金”是纯度为 99.5%，重量为 400 盎司的金砖。现货黄金采用 24 小时不间断交易，时间及价格与国际金价市场接轨，T+0 交易模式，双向操作可买涨买跌，杠杆比例比较低是 1 ∶ 12.5，是国内唯一采用做市商制度的投资品种，可提取黄金实物。

除了实物投资、纸黄金、黄金 T+D，黄金 ETF、黄金期货以及现货黄金之外，还有黄金预付款、黄金期权、民生金以及互联网黄金业务等形式，这些不同类型的黄金投资都具有各自的优缺点，丰富了产品的多样性，有利于投资者选择适合自己的黄金投资工具。

综合来说，黄金投资具有以下几个特点。

（1）对抗通货膨胀：几十年来，通货膨胀十分严重，几乎每一个国家和地区都受此问题的困扰。货币价值贬值，购买力日渐降低，钱变得不值钱了。而黄金本身属于贵重商品，金价会随着通货膨胀而上升，也就是黄金抵消了通货膨胀的损失，保证了投资者的资产不会被通货膨胀侵蚀。

（2）具有避险功能：当世界政局和经济不稳，尤其是发生战争或经济危机时，各种普遍的投资工具如股票、基金、房地产等都会受到严重的冲击，这时黄金就体现了很好的避险属性。

即使遭遇经济危机，黄金的价格仍能维持不变甚至稳步上升，保持了资产的价值。而随着黄金矿产地不断开采和需求的不断增加，黄金变得更加稀有，增强了自身的避险属性。

（3）交易时间便捷：黄金不是专属于某个国家的交易品种，而是全球通行的交易产品。因此当一个国家的黄金市场休市时，另一个国家的黄金市场正在开市，由于全球各地的交易时间连成一线，24 小时内黄金都有活跃的报价，因此可以随时进行交易。

（4）稳定性强：股票和房地产市场有发生崩盘的风险，一旦崩盘，投资者可能会遭受巨大的亏损。但是黄金市场属于全球性市场，没有任何个人或财团有足够的资金操控全球黄金市场。而且黄金市场即使中间时有波动，长期而言，黄金价格仍然是被一路看好。

五、利用美林投资时钟配置资产

上文介绍了一些投资种类，但是什么时候持有这些品种却大有讲究，持有的阶段时机不好，就可能会大幅亏损，最终在较长时期内非但不能实现财富的增值，反而受累于不当的投资决策。

所以，投资必须要与不同的经济周期相联系。有数据表明，投资收益有 80% 归因于资产配置选择，其他部分取决于市场时机和具体经理人的选择，而资产配置的成功把握在于对经济周期的认识和把握，要想成功理财，就必须判断现行的经济周期，考虑相适应的资产配置，然后来选择合适的品种。

资产收益波动是非常剧烈的，即使拉长到 10 年考察区间，周期性波动仍然存在，影响资产波动的因素众多，但经济层面所决定的为最根本的因素，因此，以经济周期为着眼点，进行积极的资产配置调整，是有效的配置。

经济的周期性有如钟摆，重视钟摆周期性的客观规律，将受益匪浅。

根据经济周期性这一规律，产生了资产配置的方式——美林时钟投资理论，美林“投资时钟”理论是一种将“资产”“行业轮动”“债券收益率曲线”以及“经济周期四个阶段”联系起来的方法，是一个非常实用的指导投资周期的工具。美林“投资时钟”的分析框架，可以帮助投资者识别经济周期的重要转折点，把握住投资机会。

同时，美林证券在其所作《投资时钟》的研究报告中，利用美国的历史数据，根据美国产出缺口和通胀率的不同变化，将经济发展周期划分为衰退、复苏、过热和滞胀四个阶段，不同阶段的特点不同，如图 3-6 所示。

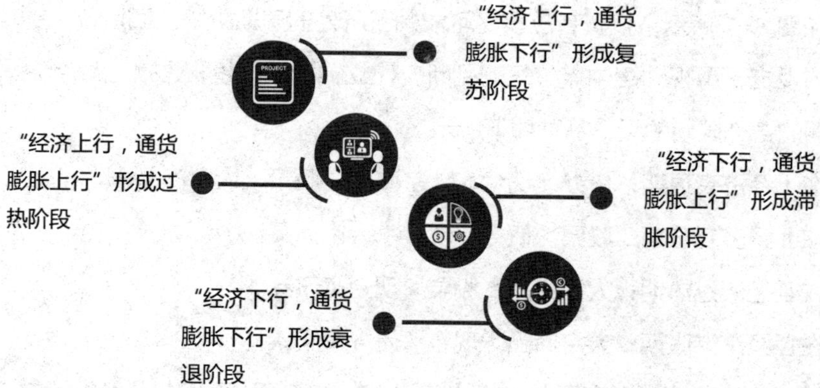

图 3-6　美林时钟投资周期

根据美林时钟投资周期，投资者可以比较股票、债券、商品和现金四类资产在不同阶段的收益表现，把资产配置与宏观经济的投资周期紧密联系起来，如图 3-7 所示。

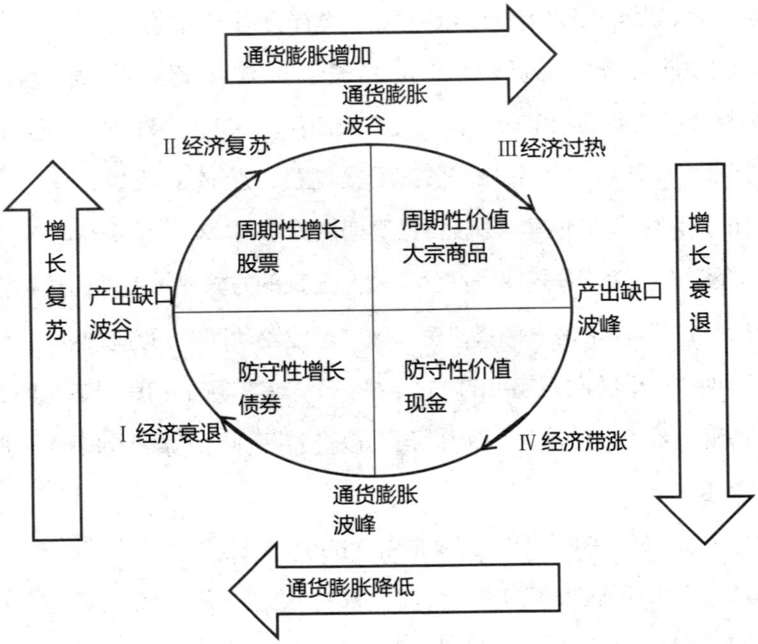

图 3-7 宏观经济投资周期中的资产配置

如图 3-7 所示，投资者应该尽可能判断所处的周期阶段。回避位于钟摆两端位置的投资，重视钟摆中点位置的判断，建立钟摆式的投资态度，综合来说，经济周期的各个阶段的投资品种如下所示。

在Ⅰ经济衰退期：债券 > 现金 > 大宗商品；股票 > 大宗商品。

在Ⅱ经济复苏期：股票 > 债券 > 现金 > 大宗商品。

在Ⅲ经济过热期：大宗商品 > 股票 > 现金 / 债券。

在Ⅳ经济滞胀期：大宗商品 > 现金 / 债券 > 股票。

把握经济周期与资产周期之间的有效信息，能够达到优化资产配置组合的效果，在每一轮经济周期中都配置最合适的资产，这是最理想的状态。

尽管投资时钟在历史上已有所验证而且背后有正确的逻辑支持，但未来世界里，经济周期不会像教科书那样演进，总会有特例，需要我们根据当时的情况做出判断，以上投资时钟的研究是实体经济运行与投资策略的基本联系，由于各国经济所处的不同发展阶段以及经济政策的不同，以上四个阶段的持续时间并非一致，甚至会跳过某个阶段，但投资时钟可以给我们一个大致的资产配置周期标准，让我们认识到，长期理财投资时我们面前不是只有股票。

利用美林投资时钟理论不仅能对投资者配置资产具有一定的指导作用，对投资者规避风险也可以起到一定的作用，在后文将详细进行介绍。

第四章

分散投资与优化组合投资品种

巴菲特投资组合的一个特征：注重投资过程中相对的分散和绝对的集中。巴菲特一向反对过度分散投资，比如在他的投资中，整个投资组合涵盖了近40只股票，表面上看是很分散的，但是考虑其公司的规模为上千亿美元，平均每一个投资标的的价值是40亿美元，则是绝对的集中。

传统的投资组合理论强调分散投资。资金通常会被分散在不同的投资市场，而在同一个市场内，也会将其分散于不同的投资标的。同时分散于不同的投资标的的金额视每一种投资标的的风险程度而定。风险越低、越保险的，投资额就会越高。风险越高、随时出现亏本的，投资额就越低。这样可以使投资人尽量保证投资，不致受到市场变化的影响而遭受损失。

一、分散投资与集中投资

分散投资和集中投资，是价值投资者们经常会争论的话题，有些投资者认为分散好，因为分散投资的标的中，即使有一个投资标的出现了问题，也不至于遭受大幅损失。也有些投资者认为集中投资好，集中投资收益高。到底哪种理论更加合理呢？

在比较两者的优劣之前，需要了解一下分散和集中投资两种策略中优秀的投资者的特征。

优秀的分散投资者非常强调安全边际，通常情况下，在他们认为的合理估值范围内打 3 ~ 7 折才敢于买入。他们的投资标的分散，通常有 5 ~ 15 只不等的投资标的组成的组合在手，每只重仓度一般不超过 25%，他们对每只股票都花费一定的时间去研究，涉猎广泛，但与深研的状态有一定差距。

优秀的集中投资者强调合理价格买入优秀股票，通常情况下，在他们认为合理的价格内，无论打折与否，都会买入。这部分投资者深入研究自己的股票，往往长达两年以上，持续追踪，对投资标的的各种数据、行业竞争情况、公司战略、公司管理层、产品销路情况等了如指掌。此类投资者手中一般仅持有 1 ~ 2 只重仓 50% 上的股票。

集中投资当中，高度集中的投资人，往往只拥有 1 只股票，候选股票在 5 只以内。这些优秀的集中投资者最大的两个特点就是：战略分析能力很强；不受其他投资者的各种攻击影响，相当自信。

这两种投资者的特点大不相同，这里通过以下两个方面对分散投资者和集中投资者进行分析，如图 4-1 所示。

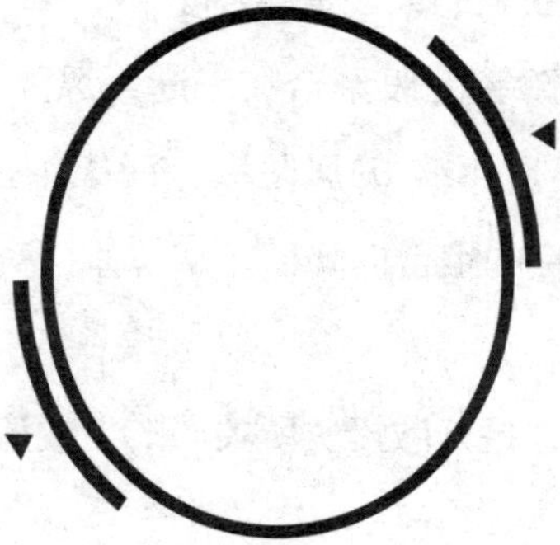

图 4-1　两种投资

比较两种投资策略的风险

这里的风险是指对于不可预知的事情的不确定性，对比分散投资者和集中投资者对普通风险和极端风险的不同表现。

对于普通风险来说，我们可以先假设一名分散投资者 A，创建了有 10 只股票组成的组合，每个组合 10% 的比例。另外一名集中投资者 B，只有 1 只股票，组合的比例是 100%。

这两种假设应该能够代表大多数分散投资和集中投资的组合策略了。我们先拿出其中 1 只股票做研究，假设这个股票是分散投资者 A 和集中投资者 B 共同拥有的 1 只股票 1。

有一个事实需要有共同的认知——人的精力是有限的，所以实际上分配到单只股票的时间，也基本上固定了，分散投资者 A 花在 1 只股票上的投资时间为 10%，集中投资者 B 花在 1 只股票上的时间为 100%。

用数字描述来做直接说明：如果将股票 1 的全部认知用 100% 来表示，应为集中投资者花费的时间多，能深研股票的各个方面，所以集中投资者 B 对于单只股票的认知能达到 80% 以上甚至更多，而对于分散投资者 A 来说，比例有可能仅有 60% 甚至更低。

其中的认知差异就是我们所谓的风险。所以集中投资者 B 的风险只有 20%，而分散投资者 A 对于单只股票的风险是 40%。

如果将 10 只 40% 风险率的股票合在一起，风险率是不是降低了呢？答案是否定的，总体而言，还是 40% 的风险率，而集中投资者 B 的风险率也还是 20%，风险并不会因为投资的组合而降低。从总体投资风险上来看，分散投资的风险是大于集中投资的。

极端风险，我相信这才是分散投资所关心的主要痛点，我们再来对极端的风险进行比较。

比如说，集中投资者 B 只投资 1 只股票，而分散投资者 A，投资 10 只股票。同样的，1 只股票出现 50% 以上的巨大跌幅。我们看看两者的表现，先看分散投资 A，因为单只股票的占比只有 10%，即使单只股票跌破 50%，总的市值也总是跌破了 5% 而已。

再来看集中投资 B 的股票，单只 50%，就意味着总体的市值跌破 50%。从这个模拟上来看，集中投资的波动性风险确实是大于分散投资的。

比较两种投资策略的收益

对于集中投资的投资者 B 来说，他的策略决定了必须优选股票来研究，其中的方法很多，比较常见的方法并不是从海量的股票池里去选择股票，而是依据价值投资来选择股票，再从中选择自己能够看得懂的股票进行深入研究，因为花费了近两年甚至更长的时间进行研究，所以对于股票的风险和收益以及企业是否优秀能有基本清晰地判断，而后再决定是否要投资这只股票。

如此，选择优秀的股票进行投资，效率非常高，但若是选择错误，那么最终的亏损要比分散投资大得多，甚至为普通投资者难以承受的亏损额度。

也就是说，集中投资的投资者 B，在某只股票上花费的时间更多，更容易找到能带来巨大收益的优秀企业，但面临巨大的可能性亏损。

分散投资的投资者 A，在某只股票上花费的时间很少，不容易找到能带来巨大收益的优秀企业，也不必面临巨大的可能性亏损。

除了面临的亏损不同之外，分散投资的投资者 A 与集中投资的投资者 B 所面临的未来收益率也不同。

分散投资的投资者 A 对未来的收益估计误差较大，必须花费时间成本去等待不常出现的超级低估，我们以股票 2 为例，分散投资的投资者 A，对未来收益的理解误差比较大，他必须要用更高的安全垫去对冲这种误差，比如股票 2 现在的价格是 66 元，分散投资的投资者 A，为了对冲风险，一般将买入价格定位在 60 元以下。

集中投资的投资者 B 会花费大量时间去研究某只股票，对企业的未来收益也会有比较清醒地认识，误差小，所以集中投资者能在合理的价格及时买入。我们还以股票 2 为例，深入研究的集中投资者 B 认为股票 2 应该值 80 元以上，本着合理价格买入优秀企业的观念，即使股票价格达到 70 元以上，集中投资的投资者 B 也是愿意买入的。

但是，集中投资的投资者 B 必须要考虑图 4-2 中的一点。

图 4-2 集中投资的风险

即便集中投资的投资者 B 会花费大量时间去研究某只股票，对企业的未来收益也有比较清醒的认识，但若是企业在某一时间出现了突发性事件，集中投资的投资者 B 收回时间成本后，整体收益率同样会大幅度下降，甚至会失去这 1 只股票。

此时，因为分散投资的投资者 A 对未来收益的理解误差比较大，必须要用更高的安全垫去对冲这种误差，所以买入股票 2 的价格低，若是企业在某一时间出现突发性事件，分散投资的投资者 A 收回时间成本后，整体收益率的下降幅度要小于集中投资的投资者 B，即便失去了股票 2，分散投资的投资者 A 还拥有其他股票，通过其他股票收益率的提高，或许可以提升整体的收益率。

所以，无论从风险还是收益上来说，我认为分散投资都胜于集中投资。

二、马科维茨的投资组合理论

投资组合理论，也叫分散投资理论，是 20 世纪 50 年代由马科维茨提出来的，最为代表性的概念就是“不要把鸡蛋放到同一个篮子里”，具体来说，是指投资者应同时投资在不同的资产类型或不同的证券上，并引入风险和收益对等原则。

分散投资相对单一证券投资一个重要的好处就是，分散投资可以在不降低收益的同时降低风险，这也意味着通过分散投资我们可以改善风险和收益比率。

一般情况下，证券分散投资包括四个方面，如图 4-3 所示。

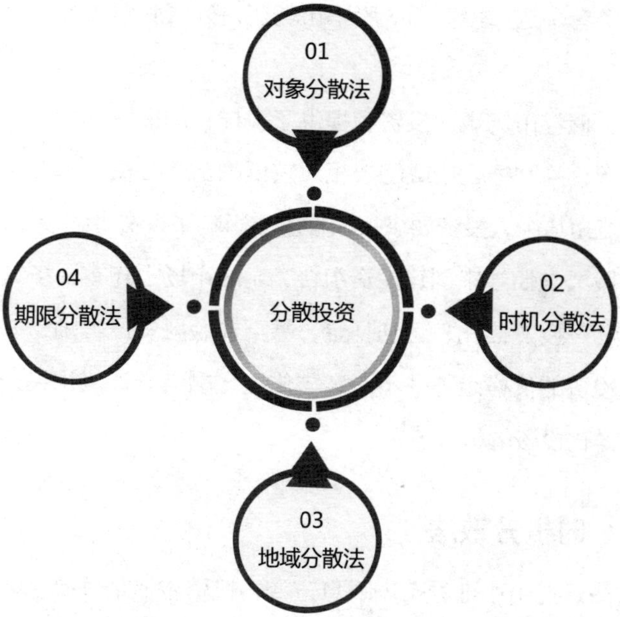

图 4-3　证券分散投资四个方面

第一个方面：对象分散法

对象分散法就是商业银行在证券投资时，应将其投资的资金广泛分布于各种不同种类的投资对象上。

具体来说，在投资对象上，可用一部分资金购买债券还用一部分资金购买股票。在行业对象上，应避免将资金集中投放在一个行业上，而应分散投资在各种行业上。即使是在同一个行业也应用资金去购买不同公司的股票，而不应只投资购买某个公司的股票。

我们以股票、债券、非金融资产投资种类为例，股票以各种不同的方式被分类与归纳，投资者可以根据自己对经济周期的估算或公司的喜爱，从而决定如何投资。

将股票进一步分类：不同资本的公司以资本大小分类；不同股票以涨幅和价格分类；整个股票市场以股票的成熟与新兴分为不同的子市场；以不同产业分类，比如生物科技股、网络股、房地产股等。

最后，投资者是选择投资国内股票市场还是外国股票市场，也是应该考虑的问题。

与此同时，债券市场也为投资者提供了多样化的投资机会。投资者可以选择长期或短期债券，高回报公债或回报相对较低的市政公债。本书在这里再一次强调，风险承受能力与个人投资要求很大程度上影响了投资者的投资选择。

除了通过股票与债券来创建投资组合，金融市场上还有许多其他可供选择的投资，例如不动产投资信托、套利基金，甚至非金融资产类别，如钱币、古董、字画等。这些投资的价格走势并不一定与传统金融市场直接相关，但它们亦为投资者提供了多样化投资的机会。

第二个方面：时机分散法

时机分散法是指由于证券市场瞬息万变，投资者很难准确把握证券行市的变化，有时甚至会出现失误，为此在投资时机上可以分散进行。即在购买股票时可以慢慢投入，经过几个月或更长时间完成投资。这样可以帮助投资者避免由于投资时机过于集中或者把握不准时机而带来的风险。

第三个方面：地域分散法

地域分散法是指投资者不应仅仅持有某一国家的股票，而应购买国际金融市场上的股票。这样做的好处是可以避免由于某一地区政治、经济的动荡而可能出现的投资损失。

第四个方面：期限分散法

期限分散法是由于不同时期市场利率的变化方向和变动幅度不同，从而导致不同期限的证券市场的变动方向和变动幅度也大不相同。

实行期限分散化，购买不同期限的证券，就可以减少利率变动对投资者所持有证券行市的影响，降低利率风险。

根据证券分散投资的四个方面，我们能够推断出投资组合理论中最核心的观点就是投资者在分散投资的时候，不仅要考虑风险和收益，还要考虑风险之间的相关性。也就是说，投资组合理论，包含三个核心因素，如图 4-4 所示。

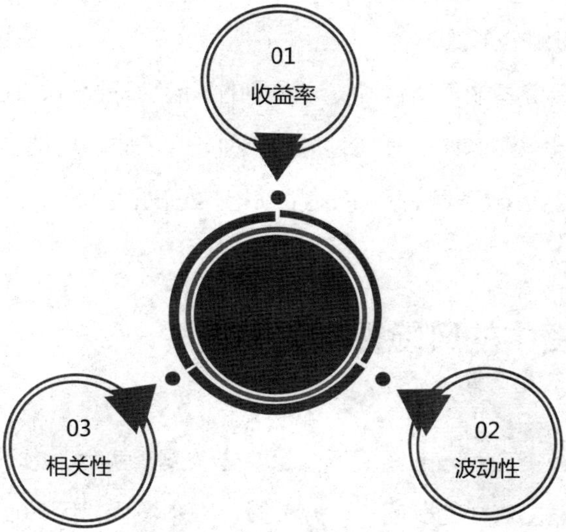

图 4-4　投资组合理论

1. 收益率

投资理财，最终的目的是赚钱。因此，投资者首先考虑的就是收益率，并不是收益率越高越好，因为收益率跟风险成正比，收益率越高，意味着风险越大，在开始投资之前，投资者必须要了解自己的风险偏好和实际风险承受能力。

2. 波动性

波动性大小代表投资风险的大小，波动性越大，风险越大。

我们知道，股票每天都是涨涨跌跌，所谓的波动性，就是一只股票上涨和下跌的幅度有多大。

对于短期投机者而言，波动性越大、收益率越高越好，因为波动大才有更多机会在价格低的时候买入更多股票份额，然后在价格高的时候卖出。

3. 相关性

相关性源自资产组合理论。我们以基金为例，基金就是资产配置理论的产物，基金的本质就是一揽子股票，一揽子股票的风险，肯定比 1 只股票的风险小，比如单只股票可能退市，一揽子股票就不能退市。

再比如，投资者为家庭配置资产，为了分散风险，一般可以选择房产、股票、黄金等不同的投资组合形式。

可见，分散投资是能帮助将投资理财中的风险性把控好，让投资理财收益获得保障，因为一旦一种证券不景气时，另一种证券的收益可能会上升，这样各种证券的收益和风险在相互抵消后，仍然能获得较好的投资收益。

三、分散投资中的风险性与时间性

普通投资者在资金有限的情况下，想要分散投资就会考虑不同的产品。但也有一部分投资者发出这样的疑问："分散投资根本没用，因为使用分散投资后都不知道该重视哪一个投资品种，结果最后亏得一塌糊涂。"

为什么会出现这样的状况，答案显而易见，即投资者过分强调风险。

一般来说，投资者会犯两种错误：

（1）片面地认为资金分散得越多越好，结果得不偿失，对于这些投资者而言，强调分散投资后选择太多的股票反而会花费更多的时间，关注市场、关注股价变化等因素会导致无法将精力有效地投入在投资管理中，这就导致投资者最终产生亏损。

（2）投资的资金分散到最后本质上都是同一个风险层面的。"不要把所有的鸡蛋放在同一个篮子里"其实还有下半句："不要放在太多的篮子里"。有些投资人所谓的分散投资只是从一只劣质股票换到另一只劣质股票上，本身的风险并没有降低。

面对分散投资，投资者不要认为分散投资就是分散风险，投资者需要考虑分散投资中的"波动风险"。同时，从另一个角度来说，分散投资就是分散投资时间，投资者需要灵活运用投资时间。

分散投资不等于分散风险

风险是否分散，取决于产品的波动率及各产品之间的相关系数，许多投资者在进行资产配置时，通常是在筛选出几只心仪的产品之后，便按照各自的风险情况进行相应的资金分配，很少考虑这几只产品之间的相关系数。

这样的做法意味着投资者还不了解分散资产组合配置的精髓在哪里，事实上，资产组合有一项最主要的风险称为“波动风险”。例如股票型或债券型基金，净值会随着时间变化，而且经常围绕着平均报酬率进行上下波动。通过良好的混合方式，可以有效地降低整体的波动程度，这种配合的方式就称为资产配置。

怎样才能降低组合的整体波动率呢？主要方法如图 4-5 所示。

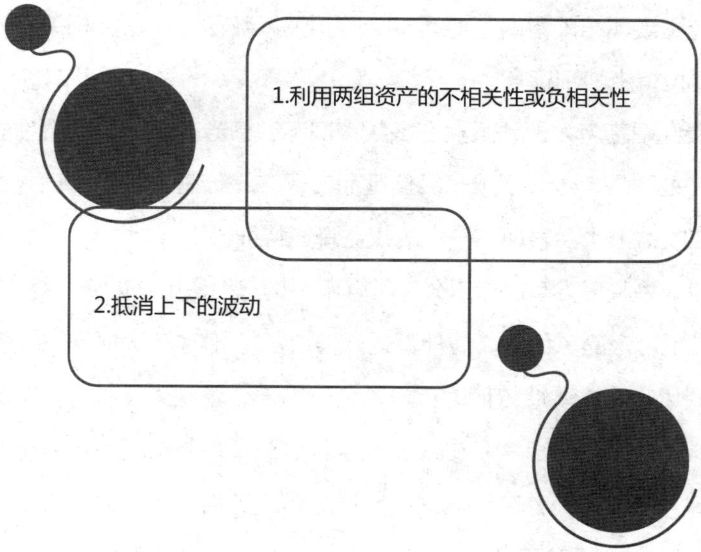

图 4-5　组合整体波动

这里为了便于理解，以股票基金及债券基金为例，进行详细分析。为了解释方便，我们假设两组基金的上下起伏是没有关联的，即“相关系数为 0”。因为两组基金没有关联，所以其涨跌也是各自独立的。

虽然出于偶然，两种基金也会有同涨同跌的情况出现，但在大多数情况下，一只基金的涨跌并不会影响另一只基金的收益。这时投资者往往会有疑问，如果二者的涨跌独立，那报酬是否也会互相抵消？

其实，所谓波动指的是平均值上下波动，也就是平均值的离差和。波动相互抵消后，所得到的就是稳定的平均值。对基金而言，平均报酬率就是平均值，标准偏差就是在平均报酬率上下波动的程度。所以当两种资产相互配置后，平均报酬率是不会改变的，只是标准偏差（风险）会变小。

当然，在现实中，完全负相关的产品并不容易寻找，一般来说，当两只产品的负相关系数在 -0.5 以下，便可以构建成一个相对完美的资产组合。

普通投资者或许很难通过专业途径查找到两个资产类别的相关系数，这时候也可以通过一些简单的方法进行判断。以股票型基金为例，在市场呈现明显的风格轮动趋势时，大盘蓝筹基金和中小成长风格基金便会呈现负相关性。但是，当市场处于普涨或熊市阶段时，两类基金的相关系数便可能从负相关变为正相关，这点也需要投资者特别留意。

再以债券型基金为例，虽然在多数情况下，债券基金的表现会独立于股票型基金，但这主要是针对纯债或一级债基而言，二级债基由于可以适当参与股票交易，因而在收益上也会表现出一定的权益资产特征。

除了股票型和债券型基金以外，可以用来构建投资组合的资产还有货币基金、固定收益类理财产品、债券、海外基金、房地产、黄金等多种类别。

具有低风险高流动性特征的货币基金作为现金管理工具，可在资产组合中占据一定的比例，以应对日常开支或其他紧急需求；海外市场股票基金虽然风险系数相对较高，但由于海外市场与国内市场的负相关性，也可以适当配置以分散组合风险。此外，黄金通常在高通货膨胀时期会有良好表现，将黄金加入投资组合中，可以利用黄金与股票相异而动的优势。

总体而言，在投资组合中配置两个相关系数较高的产品并不能得到投资多样化的好处，反而会放大风险，提高组合波动率。

我们不希望看到的结果是，在一个投资组合中，各种资产的表现非常相似，很多时候，合理的资产配置就是寻找互不相关、多元化的资产。

分散投资等于分散投资时间

我们知道，分散投资就是将资金投资在相关性不强的各类资产上，同一类资产也细分到多个具体的产品上，这样就不太可能在同一时间使所有的投资都遭受损失。

比如，我们将资金分布在股票、基金和固定收益类理财产品上，其中股票也分别由几只不同风格和不同板块构建成一套股票组合。

从另一个角度来说，分散投资等于分散投资时间，对于同一个投资产品，我们也可以分为多次进行处理。

这一技巧原本是用于增强银行定期存款的灵活性，将一笔钱分 12 个月存入银行，一年后就可以保证每月都有一笔钱到期可用，同时整体享受定期的利息。把这个技巧搬到余额宝之类的固定收益类理财产品上效果是最好的，我们大可将资金拆分为多份，每隔一定时间投资一份，这样也是每隔一个周期就有一笔钱到期可用，实现在享受长期理财利率水平的同时，拥有比较强的资金流动性。

这是一个很现实的问题，投资人把钱投在各个领域，为了提高收益都买了长期产品，而这些理财产品都是门槛不算低的，当突然急需用钱的时候，在理财项目里的资金都没有被取出来。因此要保证每个月有足够的资金，分散投资中可以将期限错配。

同时，上面说到的技巧，其实也部分满足了保守型投资者希望随时有钱可用，并进一步降低风险的要求。只是从个人资产管理的角度来看，如当天取现的超高流动性要求，实在没有太大的必要。

四、理性思维构建合理的投资组合

一般情况下风险与收益呈现正相关的关系。即收益越高，风险越大；反之，收益越小，风险越小。理性的投资者在风险一定的条件下，选择收益高的投资组合；在收益一定的条件下，选择风险小的证券投资组合。

哈里·马科维茨关于资产选择理论的分析方法——现代资产组合理论，有助于投资者选择最有利的投资，以求得最佳的资产组合，使投资报酬最高，而其风险最小。

在设计投资组合时，投资者可以依据下列原则进行组合，如图 4-6 所示。

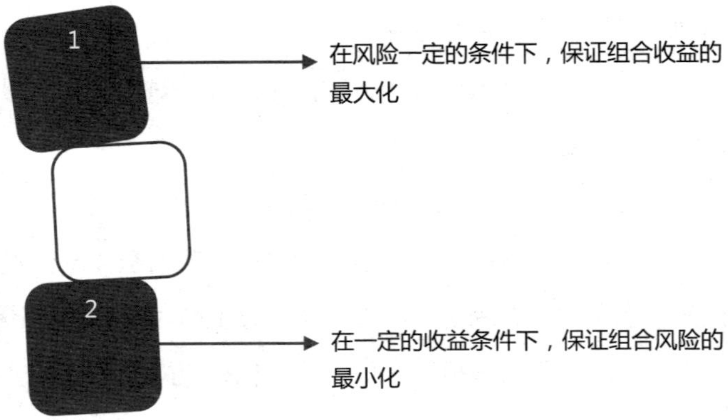

图 4-6　投资组合

一方面可以通过组合投资的方法来降低系统风险，另一方面也可以通过各种风险管理措施来对投资中的系统风险进行对冲，从而有效降低投资风险。

根据上述两个原则，投资者在进行投资品种的选择之前，应该进行微观预测，也就是进行投资分析，主要是预测产品的价格走势以及波动情况；还要进行投资时机的选择，即宏观预测，预测和比较各种不同类型产品的价格走势和波动情况。

最终，根据组合的多元化，即依据一定的显示条件，组建一个风险最小的资产组合。

由于哈里·马科威茨模型提出了有效投资组合构建中的基本概念，也为资产组合分析的其他方面奠定了基础。

其中涉及有效的投资组合和多样化的概念，这些概念是构建投资组合的基础，投资者可以借鉴哈里·马科维茨的证券投资组合方法和投资组合的构建原则，构建风险较低收益较高的投资组合。

总体而言，投资组合的构建过程由以下六个步骤组成，如表 4-1 所示。

表 4-1　投资组合构建的六个步骤

第一步	根据经济周期，对比相同类型资产里面的不同行业现状
第二步	求出各种资产类型的潜在回报率的期望值及其承担的风险
第三步	需要界定适合选择的投资品种范围
第四步	建立并确定最优风险资产组合
第五步	利用哈里·马科威茨模型实现最优化
第六步	投资者可以在不同的投资管理风格之间进行分散

下面对表 4-1 中的六个步骤进行详细分析。

第一步：根据经济周期，对比相同类型资产里面的不同行业现状

不同的行业对经济周期阶段的不同阶段有着不同的表现，它们的股价也会发生相应的变化。比如说，金融服务业在经济周期的复苏阶段的初期通常发展迅速，银行类的股票在这个时候通常会表现得比较好，而矿业类股票通常在经济周期的复苏阶段的末期股价增长较快。

第二步：求出各种资产类型的潜在回报率的期望值及其承担的风险

此外，更重要的是，要对这种估计予以明确地说明，以便比较众多的产品类型以及产品之间哪些更具吸引力。进行投资所形成投资组合的价值很大程度上取决于所选投资品种的质量。

第三步：需要界定适合选择的投资品种范围

对于大多数计划投资者来说，其注意的焦点集中在投资普通股票、债券和货币市场工具这些主要的资产类型上。近年来，某些投资者已经把诸如国际股票、非美元债券也列入了备选的资产类型，使得投资具有全球性质。有些投资者把房地产和风险资本也吸纳进去，进一步拓宽了投资的范围。虽然资产类型的数目仍是有限的，但每一资产类型中的具体产品数目可能是相当巨大的，投资者需要确定适合自己的投资品种和范围。

第四步：建立并确定最优风险资产组合

确定适合自己的投资品种范围之后，投资者可以首先获取 10 只股票数据，然后根据“均值－方差”投资组合理论，分析 10 只股票的收益率和波动率，生成大量随机风险组合，从中可以发现夏普比率较高的随机组合，然后通过这些随机组合，计算有效边界。随后，投资者可以引入无风险资产，根据有效边界，画出资本市场线，资本市场线与有效边界相切的点即为最优风险资产组合所在的点。

第五步：利用哈里·马科威茨模型实现最优化

实现最优化必须包括各种投资品种的选择和投资组合内各产品权重的确定。在把各种产品集合一起形成所要求的组合过程中，不仅有必要考虑每一单一产品的风险和回报率特性，而且还要估计到这些产品随着时间的推移可能产生的相互作用，投资者可以选择哈里·马科威茨模型，用客观和简练地方式来确定最优投资组合。

也就是说，投资者在确定适合自己的投资品种范围之后，投资者可以首先获取 10 只股票数据，然后根据“均值－方差”投资组合理论，分析 10 只股票的收益率和波动率，生成大量随机风险组合，从中可以发现夏普比率较高的随机组合。然后通过这些随机组合，计算有效边界。

随后，投资者可以引入无风险资产，根据有效边界，画出资本市场线，资本市场线与有效边界相切的点即为最优风险资产组合所在的点。

第六步：投资者可以在不同的投资管理风格之间进行分散

投资者应该知道，投资过程中有两种相对的投资管理风格，一种叫主动型，另一种叫被动型。

主动管理型的目标是通过证券的选择和投资时间的选择来获得超过一个特定的指数或者是业绩比较标准的回报。而被动型投资不期望通过积极的投资组合管理来获得超过市场的回报。两个最广泛认可的被动投资策略就是指数型投资和购买以后长期持有。

五、放大收益率的首选：夏普比率

我们知道，投资者可以根据哈里·马科维茨建立的风险与收益的关系进行资产选择，除此之外，投资者还可以采用夏普比率进行资产选择。

1990 年，诺贝尔奖得主威廉姆·夏普发现，如果投资者都按马科维茨的方法去多元化配置资产，那么任何一种资产的回报都和市场指数的回报成正比，这个比例被称为贝塔，实际是一种风险的衡量标准。如果一种资产的回报比另外一种高，是因为前者的贝塔 / 风险高。

我们可以假定一个投资场景，如图 4-7 所示。

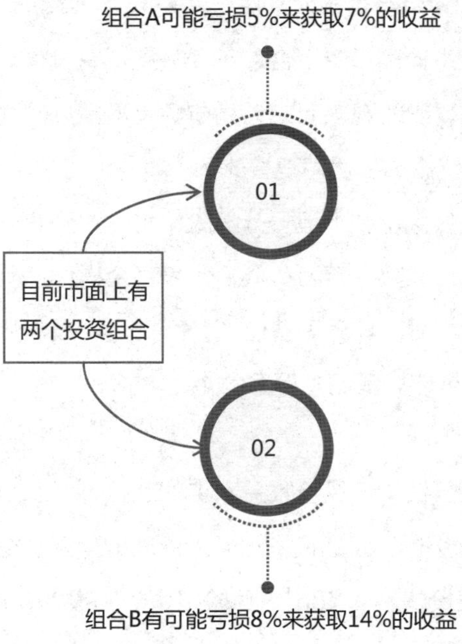

图 4-7 投资场景

作为投资者，你该如何选择呢？如果你是一名保守型投资者，我猜你会倾向于选择组合 A，但是，如果你是一名理性投资者，组合 B 的收益 / 风险比，无疑是比组合 A 更高的，也就是说，组合 B 可以通过多承担 3% 的风险，而获取另外 7% 的利润。

这就说明，作为一名理性投资者，不能仅仅注重风险因素而忽略收益，这样可能会错过市场中的最优投资组合。

为了深入判断，投资者可以采用夏普比率进行分析。

夏普比率，又被称为夏普指数——基金绩效评价标准化指标。该比率在现代投资理论的研究表明，风险的大小在决定组合的表现上具有基础性的作用。风险调整后的收益率就是一个可以同时对收益与风险加以考虑的综合指标，以期能够排除风险因素对绩效评估的不利影响。该比率也是一个可以同时对收益与风险加以综合考虑的三大经典指标之一。

夏普比率的公式为 CV=E（r）÷ б

即夏普比率 =（投资组合预期收益率 – 无风险利率）÷ 投资组合标准差

夏普比率的目的是计算投资组合每承受一单位总风险，会产生多少的超额报酬。比率依据资产配置线的观念而来，是市场上最常见的衡量比率。当投资组合内的资产皆为风险性资产时，适用夏普比率。

夏普比率代表投资人每多承担一分风险，可以拿到几分报酬：若为正值，代表基金报酬率高过波动风险；若为负值，代表基金操作风险大过于报酬率。这样一来，每个投资组合都可以计算夏普比率，即投资回报与多冒风险的比例，这个比例越高，投资组合越佳。我们先看案例 1。

案例 1

假如定期存款或国债（无风险收益率）的回报是 3%，而投资者 A 的投资组合预期回报是 15%，投资者 A 的投资组合的标准偏差是 6%，那么用 15% – 3%，可以得出 12%（代表投资者 A 超出无风险投资的回报），再用 12% ÷ 6% = 2，代表投资者 A 风险每增长 1%，换来的是 2% 的多余收益。

所以，理性的投资者选择投资标的与投资组合的主要目的是：在固定所能承受的风险下，追求最大的报酬；或在固定的预期报酬下，追求最低的风险。买东西都要追求性价比，而夏普比率就是风险和收益的性价比。

可见，夏普比率是一个综合考虑了风险和收益两个因素的指标，判断的就是投资者通过冒一定风险来获取一定的收益到底值不值得。

案例 2，如图 4-8 所示。

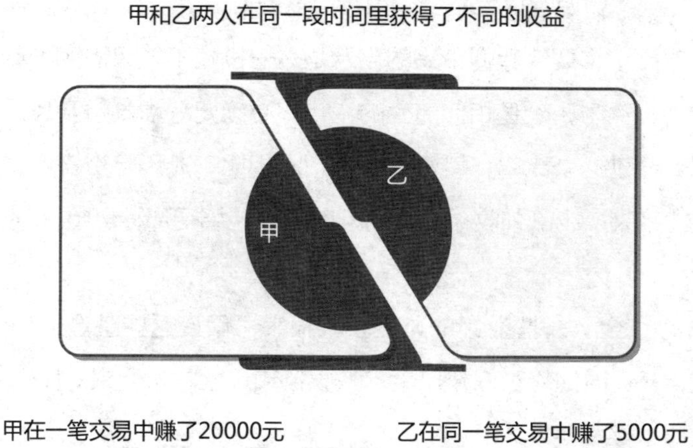

图 4-8　投资案例

我们对比图 4-8 中的甲和乙，谁的投资做得更好呢？

毫无疑问，很多投资者都会选择甲，因为甲的收益高于乙。

其实，投资者在看到高收益时，往往会忽略掉一样东西——风险。而作为相对专业的投资者，是不会只看绝对收益的，而是要看单位风险获得的收益。

一般夏普比率会设置一定的区间，设置不同的区间，这样计算出来的夏普比率就会大不一样，所以还是存在一定的局限性。用标准差对收益进行风险调整，其隐含的假设就是所考察的组合构成投资者投资的全部。因此在考察单只基金的时候，最好比较同类型的基金，这样来看更客观、夏普比率的准确性更好。

案例 3

有两个净值型产品，A 的历史收益率为 5.5%，B 的历史收益率为 6.5%，但产品 A 的夏普比率远高于产品 B，那么哪一个产品好一些呢？

显然，在承受同一单位风险的情况下，产品 A 的回报较高，购买产品 A 可能更合算。

如果再用夏普比率来比较基金和银行存款，那么这一指数其实是反映了单位风险基金净值增长率超过无风险收益率的程度。如果夏普比率为正值，说明在衡量期内，基金的平均净值增长率超过无风险利率，在以同期银行存款利率作为无风险利率的情况下，说明投资基金比银行存款要好。

其实夏普比率主要给我们带来的启示是——投资不能只看回报率，还要看承担多少风险。收益与风险是相伴而生的，我们必须要考虑收益及风险与自身投资目标的匹配。通过这个比率，投资者可以判断相比于无风险资产所持有的风险资产的波动性能带来多少额外收益，从而判断是否能接受那种风险水平。

案例 4

表 4-2 是基金 A- 基金 E 的年复合回报率，假设这些基金管理资产均在 10 亿美元以上，开业时间均在 5 年以上。从收益和风险的角度来对比这些基金。

表 4-2　基金 A- 基金 E 的年复合回报率

基金种类	年复合回报率（%）
基金 A	14.15
基金 B	15.17
基金 C	15.20
基金 D	79.17
基金 E	2.78

在不考虑风险的情况下，年复合回报率 79.17% 的基金 D 是投资者的首选。

但投资者不能只看回报率，还要考虑风险。表 4-3 中列出了各基金的年复合回报率、回报率波动性和夏普比率估值（假设无风险回报率为 3%）。

表 4-3　基金 A- 基金 E 的年复合回报率、回报率波动性及夏普比率

基金种类	年复合回报率（%）	回报率波动性（%）	夏普比率（%）
基金 A	14.15	5.94	1.9
基金 B	15.17	12.30	1.0
基金 C	15.20	4.53	2.7
基金 D	79.17	49.83	1.5
基金 E	2.78	12.21	<0

从波动性和夏普比率的角度进行分析，基金 D 的回报率波动性最大，夏普比率较低，为 1.5%。而基金 C 年复合回报率虽然只有 15.2%，但波动性最低，为 4.53%，因此夏普比率高达 2.7%，竟比基金 D 的 1.5% 高出近一倍。

也就是说，基金 C 的回报率波动性只有基金 D 的回报率波动性的十分之一，假设投资者只愿意承担固定的波动性风险，那么他可以投资 1 元在基金 D 或 10 元在基金 C，风险都差不多，而投资基金 C 的总回报更高。

站在投资者角度，投资者到底是选的基金 D，还是选的基金 C，有点难以取舍。

这时，我们再来看基金 A、基金 B 与基金 E，基金 A 的年复合回报率是 14.15%，回报率波动性是 5.94%，夏普比率是 1.9%；基金 B 的年复合回报率是 15.17%，回报率波动性是 12.30%，夏普比率是 1.0%；基金 E 的年复合回报率是 2.78%，回报率波动性是 12.21%，夏普比率小于零。

可见，基金 A 和基金 B 都是可以选择的投资产品，但是基金 E 的回报率低于无风险利率。

若是仅用夏普比率做比较好像对基金 C 分析得不够全面：基金 C 的波动性虽然高，但主要是“向上波动”，在盈利上涨的过程中产生的“波动性”，其实并非风险。投资者担心的是赔钱，尤其是一下赔掉百分之几十。所以衡量风险还应该考虑“最大跌幅”，即各基金历史上从最高点“回落”的最大比例，如表 4-4 所示。

表 4-4　基金 A- 基金 E 历史上从最高点“回落”的最大比例

基金种类	年复合回报率（%）	回报率波动性（%）	夏普比率（%）	最大跌幅（%）（发生时间）
基金 A	14.15	5.94	1.9	−4.83（2003 年）
基金 B	15.17	12.30	1.0	−27.01（2008 年）
基金 C	15.20	4.53	2.7	−7.24（1998 年）
基金 D	79.17	49.83	1.5	−10.41（2007 年）
基金 E	2.78	12.21	<0	−51.74（2007−2009 年）

观察表 4-4，基金 A 的最大跌幅只有不到 5%，而且发生在 2003 年。该基金在 2007—2008 年的剧烈下跌中竟然避免了重大损失，相当有吸引力。 基金 A 和基金 C 都属于“赚得稳”类型，都躲避了次贷危机，两者似乎难分伯仲。它们和基金 D 相比，可谓各擅胜场，因此三只基金都是机构投资者青睐的对象，管理资金分别达到 86 亿美元、100 亿美元和 63 亿美元。

基金 E 也曾是管理数十亿美元的大型基金，但它在金融危机中遭到了 50% 以上的巨大损失，令投资者失去信心，纷纷撤资，所以基金 E 现今管理的资本只有 2 亿美元。

最后再来看看基金 B，它的长期年复合回报率为 15%，夏普比率为 1%，综合指标不错，虽然在 2008 年一度遭到 27% 的损失，但已成功渡过难关。可以说基金 B 具有相当实力，因此它也成为管理十几亿美元的大基金。

从这个评估投资业绩的真实例子，我们可以看到夏普比率和最大跌幅等风险指标的用处。初学投资者常有只重回报、不看风险的习惯。凯利公式也好、夏普比率也好，其实都在告诉我们一件事：要在回报和风险之间寻找平衡。

投资者需要注意的是，使用夏普比率时，应该注意以下几个方面。

（1）夏普比率没有基准点，因此其大小本身没有意义，只有在与其他组合的比较中才有价值；夏普比率是线性的，但事实上风险与收益之间的变换并不是线性的。因此，夏普指数在对标准差较大的基金的绩效衡量上存在偏差。

（2）夏普比率未考虑组合之间的相关性，因此纯粹依据夏普比率的大小构建组合存在很大问题。

（3）夏普比率与其他很多指标一样，衡量的是基金的历史表现，因此并不能简单地依据基金的历史表现进行未来操作。

（4）计算上，夏普比率同样存在一个稳定性的问题：夏普比率的计算结果与时间跨度和收益计算的时间间隔的选取有关。

尽管夏普比率存在上述诸多限制和问题，但它仍以其计算上的简便性和不需要过多的假设条件而在实践中得到了广泛的运用。

第五章
利用价值投资选股

德国有个青年画家，非常勤奋，平均每天要画一幅画，可是一年下来，一幅画也没卖出去。最后他去请教一个老画家，说："我每天这么勤奋，怎么一张画都卖不掉？"那个老画家说："你能不能反过来，一年用364天去画一张画，再用一天时间去卖画，我相信你肯定能卖掉。"

这个例子对研究股票的投资者很有启发，就是用364天去研究、去调查、去思考、去从生活中发现，不要每天看电脑的报价，每天看价格从三元掉到两元，两元涨到三元，没有太大意义。怎样以最苛刻的条件去选股？答案就是，在符合宏观经济和经济周期的前提下，利用价值投资进行选股。

一、投资目标是企业而非股票

本杰明·格雷厄姆是证券投资分析领域中著名的投资分析家，是价值投资分析的创始人，被誉为“价值投资之父”。

本杰明·格雷厄姆第一次将富有逻辑的分析原理引入股票投资中，改变了很多投资者只根据直觉和感性认识进行投资的想法，帮助投资者打破了“股票市场是投机市场”的观念，将价值融入投资之中，创造了一个比较完整的价值投资理论框架。

1934 年，本杰明·格雷厄姆与大卫·陶德合著一本名为《有价证券分析》的书籍，从而奠定了格雷厄姆“财务分析之父”的地位。格雷厄姆之所以被公认为“财务分析之父”，是因为在他之前还没有财务分析这个专业，在他之后，人们才开始意识并接受这个概念。

随着《有价证券分析》的热销，1942 年格雷厄姆将《有价证券分析》一书进行简化与提炼，重新创作了《聪明的投资人》一书，在该书中，格雷厄姆清楚地阐明了投资与投机的差别，按照格雷厄姆的思想，投资建立在事实与数字分析的基础上，而投机则建立在突发的念头或臆测之上，每一个合格的投资者都要区别它们。

本杰明·格雷厄姆认为“股票价格等同于股票价值”的说法是不正确的，其原因如图 5-1 所示。

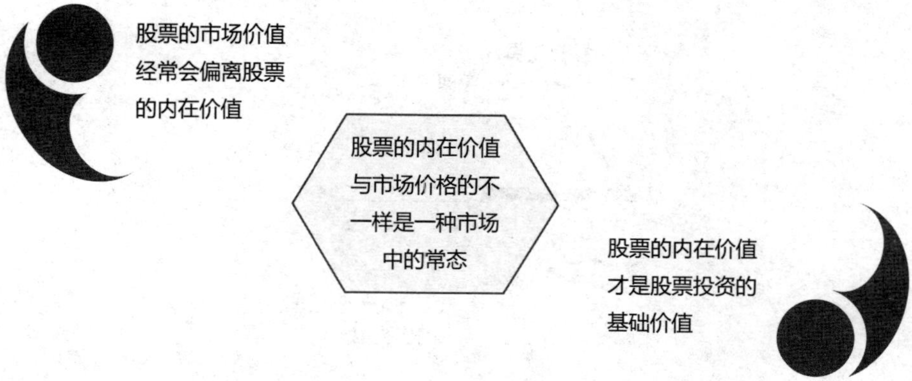

图 5-1　本杰明·格雷厄姆观点

所以，投资者在购买股票的时候，要有购买该只股票整个公司的心态，以及站在股东的角度来对股票的价值进行判断，关注企业的现实价值，不过多地进行预测，也就是说，投资者选股票的同时应该关注企业，因为股票是企业的一部分，它的价值始终和整个企业的价值相呼应。

年轻的巴菲特看了此书后，决定选择哥伦比亚大学就读，并终生追随格雷厄姆。由此，巴菲特也遵循并丰富了格雷厄姆选股的思维，即投资的不是股票，而是企业，并说了一句非常值得思考和借鉴的话，即“我们感兴趣的并非股票本身，而是公司的潜在价值及其发展前景。要根据一家公司的远景展望进行相应的投资，我们需要的是有才能的投资基金委托人，而非利用财务杠杆收购谋利的股市赌徒。”

我们可以从股票的定义中理解格雷厄姆以及巴菲特的思想，股票是一种有价证券，是股份公司在筹集资本时向出资人发行的股份凭证，代表着其持有者（即股东）对股份公司的所有权。每股股票都代表股东对企业拥有一个基本单位的所有权。股票是股份公司资本的构成部分，可以转让、买卖或作价抵押，是资金市场的主要长期信用工具。

从股票的释义中我们能够看出，股票与企业的关系，如图 5-2 所示。

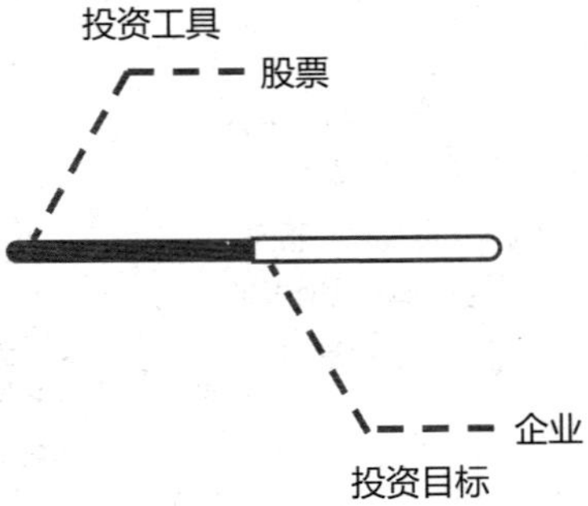

图 5-2　股票与企业关系

股票只是股份公司在筹集资本时向出资人发行的股份凭证，代表的是企业的价值，也只是一个信用“工具”，可以说，投资者不过是利用“股票”的这个投资工具去投资“企业”这个目标。

但是，市场中的很多投资者认为投资股票和投资发行该股票的企业是一样的，导致投资者不关注发行股票的企业，而关注股市每天的波动行情，当行情向着不利的方向运行时，难以看到市场真相。

所以，理性并且明智的投资者，应该转变这种想法和策略，并在选择“股票”这个投资工具之前，阅读想投资企业的相关资料，了解企业的经营范围、研究财务报告、分析行业动态、调查企业盈利能力、观察管理人员的管理水平，直到对这些情况都了如指掌以后，才能在当行情向着不利的方向运行时，做出有效且正确的投资决策。

巴菲特总是喜欢说：“我们买进的是企业，而不是股票，股票充其量只是投资获利的工具，企业才是投资获利的关键所在。”

是的，投资者即便是了解企业的经营范围、研究财务报告、分析行业动态、调查企业盈利能力、观察管理人员的管理水平，但是在衡量企业的业绩时，并不是从长远角度出发去进行分析，而是往往过分关注企业的短期效益，这样的做法对投资没有长远的意义。

二、对目标企业进行全面剖析

投资者在选择某只股票之前，不妨先去了解一下某只股票的企业状况，因为投资者虽然是投资股票，但实质上投资者是选择发行股票的企业。

巴菲特曾说过："如果人们关注的不是企业的经营情况，而是被某些肤浅的了解吸引到一场投资中去，他们可能在刚一看到某些不对的苗头时就吓跑了。"所以，他认为"股票"这个概念看起来是十分抽象的，不一定具有更多值得研究的价值，当别的投资者终日"泡"在股票市场，目不转睛地看着股票显示盘的时候，巴菲特却把注意力投向了目标企业。

投资者在研究股票之前，应该对目标企业进行全面而详细地研究，最终做出是否投资的决定。

对企业进行分析的时候，需要关注企业的运营方式、盈利模式以及资产负债等方面，我们可以进行详细解释，比如投资者在投资股票 A 之前，了解发行股票 A 的企业是否值得投资可以从以下两个方面进行分析，如图 5-3 所示。

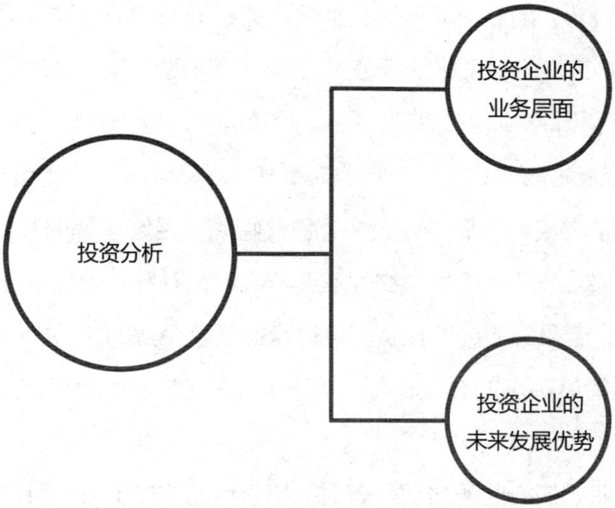

图 5-3　投资分析

投资企业的业务层面

每一个企业都具有自己的业务系统，并通过这个业务系统把企业的产品推向市场并取得最大化收益，但一个企业可能会有很多个业务，投资者不可能进行非常全面且详细的调查，这时，投资者就需要调查企业业务系统中的核心业务。

对于一个企业来说，核心业务是其发展的灵魂和根本，企业核心业务是与多元化经营相联系的，通常核心业务是指一个多元化经营的企业或企业集团中具有竞争优势并能够带来主要利润收入的业务，企业的核心业务在企业的业务组合中，一定是最具有竞争能力的业务。

通过了解企业的核心业务，投资者能够从中知道该企业主要是做什么的，比如投资者选中股票 A 的时候，可以了解该企业的核心业务，调查该企业核心业务的发展状况。

这里，我们以巴菲特选 GEICO 公司（政府雇员保险公司）为例进行说明。

1950 年，作为哥伦比亚大学学生的巴菲特，从他的老师格雷厄姆那里知道了 GEICO 公司。出于好奇心的驱使，他利用周末跑到华盛顿，去向该公司营业处主管大卫森了解 GEICO 公司的特点。

掌握了 GEICO 公司的特点之后，巴菲特购买了经营保险业务的 GEICO 公司的 2 万美元股票，随后巴菲特又回到父亲的经纪公司，去推荐父亲经纪公司的顾客购买 GEICO 公司的股票，但是，当时他的举动让很多人都无法理解，可是一年以后，当巴菲特卖掉手上的股票时，却获得了大量的盈利。

通过这次盈利增加了巴菲特向他的委托人推荐保险业股票的信心。此后，巴菲特也开始了大量购买保险业股票，巴菲特除了足够了解的 GEICO 公司，他还涉足其他的保险公司。可见，在购买股票之前，对发行该股票公司的业务层面分析十分重要，若是经验少的投资者难以全面了解企业的核心业务，可以先选择那些业务流程简单明了的企业，等到有一定的投资经验之后再选择较为复杂的企业。

了解了企业的核心业务之后，有时间和有精力的投资者还可以分析企业业务过去的经营状况。

比如，巴菲特曾购买股票的GEICO公司在20世纪70年代遭遇了困境，公司经营陷入了低谷，这让很多有意购买该企业股票的人都望而却步，但是，巴菲特却不按常理出牌，继续购买该公司的股票，这并不是说巴菲特不关注GEICO公司的财务问题，而是在决定投资前，巴菲特就已经对该公司的经营历史做了深入的分析。经过分析，巴菲特分析出了四个支持继续持股购买GEICO公司的原因，如表5-1所示。

表5-1　巴菲特继续持股购买GEICO公司的四个原因

原因	内容描述
第一个原因	GEICO公司提供低价、无中间代理的保险商品，而其他保险企业很少涉足这一领域，GEICO公司在竞争激烈的保险业商场上具有独特的优势
第二个原因	投资市场上仍然存在着小心谨慎的客户群，企业仍未给他们提供保险需求并从中赚取利润，可以认为GEICO公司具有潜在的市场
第三个原因	在价格基础上，GEICO公司的价格会使该企业在竞争中获胜
第四个原因	GEICO公司十年来不断为其具有竞争优势的产品注入资金，以此来巩固它的优势地位，从而为它的股东赚取了丰厚的利润

综合上述四个原因，巴菲特认为在保险市场中GEICO公司占据着绝对的优势，该公司发行的股票具有潜在的价值。

这里，投资者或许会有疑问，比如，若是某企业过去业务的经营状况良好，但近期由于某些原因出现了即将重组或者是改变原有的经营方向等消息，那么，这样的企业是否还具备投资的价值。

在通常情况下，重组后公司经营方向具有资源独特性，不可复制性的特点，理论上来说，重组之后也会拉动业绩上涨，股价也会有所利好，重大资产重组会稳步推进，经营管理机制会逐步理顺，公司有望迎来业绩拐点。但是，也有很多企业是因为业绩较差，或者其他利空原因，导致不得不进行重组或者改变原有的经营方向，我认为投资者最好不要投资这样的企业，因为重组之后或者改变原有经营方向的企业还没有得到市场的印证，相对风险会高一些。

投资企业的未来发展优势

在分析企业的发展前景时，巴菲特喜欢使用这个词语，即经营特许权。因为拥有“经营特许权”的企业，在巴菲特看来就是指那些具有旺盛消费需求、产品无可替代的企业。这些企业和普通的商业企业相比，具有两点绝对的竞争优势。

第一点，拥有“经营特许权”的企业在它们有规则地提高价格的时候，仍然会受到忠实消费者的信赖，这使它们不用担心会失去市场占有率。

第二点，拥有“经营特许权”的企业拥有较高的经济商誉，从而使它们在面对通货膨胀时，能够有效地抵制通货膨胀的影响，所以即使它们的经营者管理不善，也不会对公司造成不可估量的损失。

虽然当下的投资者难以找到具有“经营特许权”的企业，但可以从以下三点判断企业是否具有长期发展的优势和潜力，如图 5-4 所示。

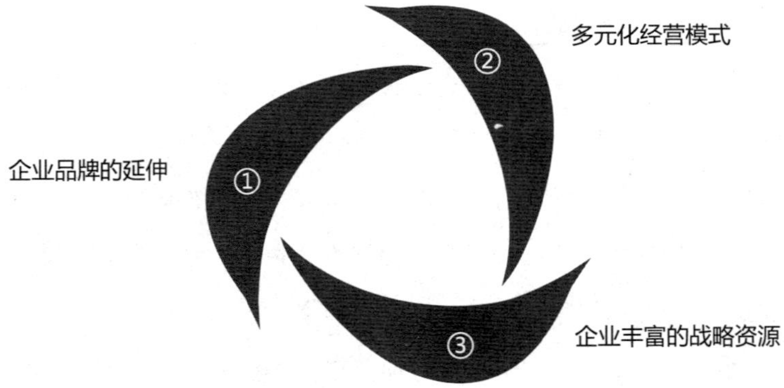

图 5-4　企业发展的优势

（1）企业品牌的延伸。品牌作为无形资产是企业的战略性资源。通过品牌的延伸，充分发挥品牌资源潜能并延续其寿命周期，成为企业的一项重大战略决策。一方面在新产品上实现了品牌资产的转移，另一方面又以新产品形象延续了品牌寿命，因而可成为企业核心业务扩张的现实选择。

（2）多元化经营模式。多元化经营模式分为相关多元化和非相关多元化。相关多元化经营是指企业新发展的业务与原有业务相互间具有战略上的适应性，它们在技术、工艺、销售渠道、市场管理技巧、产品等方面具有共同或者相近的特点。相关多元化可以使企业在核心产品的推动下，沿其主营业务向下或向上发展连带产品，以保持其竞争优势。

而多元化的经营模式会对企业的战略决策产生很大的影响，企业应该不断审视自身的优势和行业的发展前景，及时对其核心业务进行必要的调整和扩张，以期实现企业的平稳、高效、快速增长。

（3）企业丰富的战略资源。企业经营绩效差异或竞争优势，不仅在于其所处的产业环境更在于其自身的文化和内环境。企业素质表现为企业所据有或控制的资源的数量、质量及其运作效率，企业资源是获得竞争优势条件的关键。

当然并不是所有的资源都能够对持续竞争优势产生作用，只有战略资源才能够胜任这种角色。

纵观巴菲特所投资者的企业，从无线和有线电视公司、保险公司、广告公司、食品公司、加油站、银行、纺织厂、报社、铝业及水泥公司，到油田和矿产开采公司、烟草公司、连锁的大型零售商等，这些企业都是同行业中的佼佼者，都具有竞争优势和发展潜力，这些企业的产品或服务及其盈利能力都是其他企业所无法企及的。

由此可见，企业战略资源是企业竞争优势可持续的内在因素之一，企业只有拥有良好的战略资源，才能够凸显出企业的竞争优势。

三、关注成长性企业，抓住企业升值潜力

上文中我们介绍了选股票应该关注投资企业业务层面和未来发展优势，其实也就是关注成长性企业，抓住企业的升值潜力，具有升值潜力的企业不仅仅有良好的业务层面，还具有企业未来的发展优势和市场占有份额。

但是，大多数投资者认为，用同样的钱与其买 200 股较昂贵的股票，不如买 500 股或 1000 股较便宜的股票，事实上，投资者需要注意，不是投资者自身可以买多少股票，而是投资者自身能投资多少钱，以及这笔钱所能买到的最好股票。往往价格较高的股票代表公司经营状况较佳。

一般来说，股票的质地是非常重要的，如果投资者不对个股的基本面做出充分的分析研究，不管个股是否具有上升潜力，不分青红皂白地随便抓支股票就做长线投资或者是价值投资，极有可能没有收获，甚至是负收益。

股票市场中没有物美价廉这一说法，买便宜货是人们正常的心理行为，每股 3 元、5 元或 10 元的股票看起来好像便宜，但若是发行股票的企业营运状况不好，或者是经营体制不健全，投资者就等于做了没有价值的投资。

可见，买股票并非买白菜，并非越便宜越好，股票投资是买公司的未来，良好的赢利能力和成长性是支撑股价上涨的内在动力。

另外，大量买进低价股所负担的佣金也比较多，风险较高，因为低价股下跌 15% ~ 20% 的速度远高于高价股。投资者购买的股票除了要考虑价格外，更应该考虑以下两方面的因素，如图 5-5 所示：

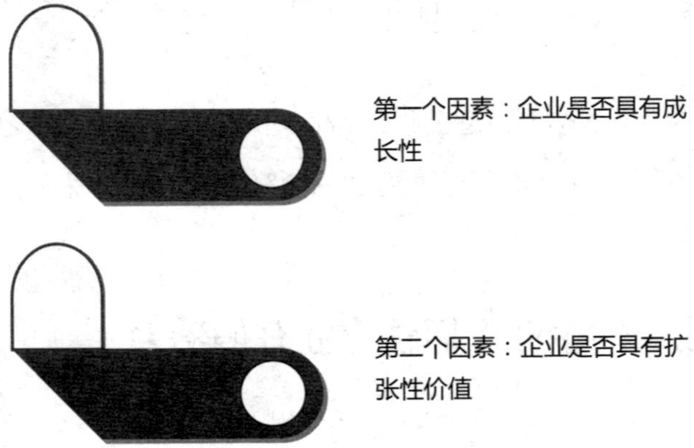

图 5-5　股票投资价格外因素

第一个因素：企业是否具有成长性

投资是具有永久性质的，投资者要一直不停地观察市场。只有在企业保持优秀状况时，投资者才可以继续持有它们的股票。低价股不一定是好股，判断是否是好股主要应看它的成长性和扩张性价值，投资者在选择值得长期投资的品种时，一定是优先买入那些具有成长性的，而不是那些股价很便宜但赢利能力低下的企业。

关于企业的成长性，投资者可以借助表 5-2 中的几方面来判断。

表 5-2　投资者关注企业成长性的相关判断

第一个方面	关注企业的估摸规模
第二个方面	企业的发展速度是否高于行业平均水平
第三个方面	企业是否具有成功的商业模式
第四个方面	企业是否存在一定的垄断性

第一个方面：关注企业的估摸规模。如果企业规模小，企业业务和规模扩张的空间就较大，也不容易在扩张的过程中影响企业的整体发展。同时，如果企业的项目产生收益，规模不大的企业与规模大的企业相比，前者业绩增长更为明显。

第二个方面：企业的发展速度是否高于行业平均水平。这主要是指与行业内平均水平相比，发展快速的企业速度会显得更快，这一方面说明了企业的成长性，另一方面也说明了企业在市场的占有份额具有一定的优势，从而才会有更快的增长速度。

第三个方面：企业是否具有成功的商业模式，这一点非常重要。一个企业有成功的商业模式才能生存，而发展迅速的企业往往可以复制这种商业模式，在不同的地域以最低的成本复制这种模式，获得市场和规模扩张的优势，从而加快发展的速度。这一点在连锁业体现得最为明显。

第四个方面：企业是否存在一定的垄断性。有垄断性的企业会比没有垄断性的企业更加具有优势，一旦获得了某种垄断性，比如原料、产品生产、市场渠道以及地域等相对的垄断性，那么企业的业绩发展就会获得一定的保证，从而提高企业的议价能力。

所以，在投资中，投资者可以有意向地把橄榄枝投向那些具有稳定的经营能力和良好的升值潜力的企业，因为这些企业大多数都具有巨大升值潜力，如果投资者能够在这些企业的价值尚未显现的时候对其进行投资，那么，或许会得到不错的收益。

第二个因素：企业是否具有扩张性价值

在巴菲特的早期投资中，他坚持的是低价原则，他认为如果以相当低的价格买进一家企业的股票，按照正常的逻辑只要这家企业日后经营能有所改善，他就能从中获利。但事实却并非如此，大多数这样的企业的经营业绩都无法达到他的预期。

于是他对自己的投资方法产生了质疑，反思之后巴菲特意识到：这些陷入困境的企业所存在的问题总是层出不穷，所以即使以非常低廉的价格买入该公司股票，但到头来还是一钱不值。

当时，作为投资家的菲利普·费雪提出了杰出企业扩张价值理论，费雪对企业的分析开始更深一步的认识，即二流企业终究是二流企业，投资于二流企业的人只能站在二流的队列里。

对于那些贪图于购买廉价二流企业股票所带来的微薄好处的投资者来说，时间可以证明杰出企业股票质地优秀，而二流企业股票质地平庸。杰出企业的经济状况与二流企业大相径庭，杰出企业以它具有的扩张价值最终会使股市带动股票价格。如果该企业持续成长，无限期的持有投资会让投资者最终受益。

费雪的杰出企业扩张价值理论让巴菲特受益匪浅，1973 年巴菲特用 973 万美元购买了《华盛顿邮报》约两百万的股份，并且直到今天他还仍继续保持对该公司的投资。

在持续对《华盛顿邮报》投资的二十多年里，巴菲特也得到了将近 18% 的年累计回报率。巴菲特之所以连续二十年对该公司进行投资，原因是他认为《华盛顿邮报》公司是一个杰出的企业，持续投资必定会给他带来丰厚的回报。

1985 年巴菲特购买了大众食品公司的股票，随后，大众食品公司的每股盈余从 1979 年起持续上扬，就在公司收入上升相应带来了公司实质价值的上升，进而促使公司股票上涨的时候，市场却仍以和政府公债获利相当或低于实质价值的价格来对公司做出评估，巴菲特认为这是十分不理智的评估。

1979 年，投资者如果购买大众食品的股票，每股可以赚 5.12 美元，股票的市场价值在每股 28 ~ 37 美元之间，相当于有 13% ~ 18% 的获利率，而当时的政府公债的获利率是 10%，以此计算与政府公债相当的价格，大众食品每股应该是 51.20 美元。这能证明什么呢？如图 5-6 所示。

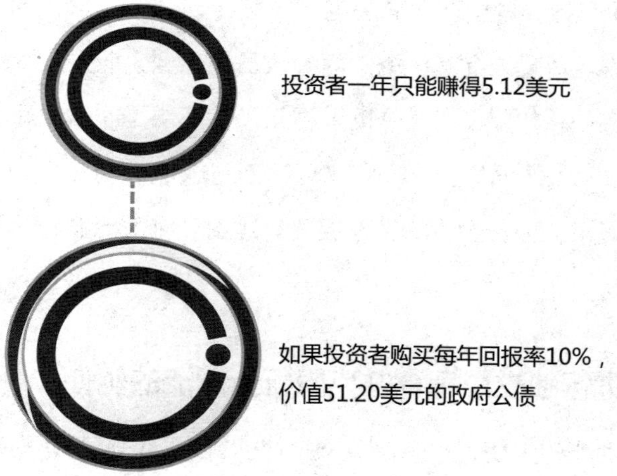

图 5-6　大众食品股票投资收益

但是，巴菲特认为，大众食品公司是一个杰出的公司，因为杰出企业会有扩张价值，其扩张价值最终会使股市带动股票价格，所以当大众食品公司的股票价格持续跌落时，巴菲特仍没有卖掉他所持有的股票。

在此之后，巴菲特开始改变自己的投资策略，价格不再是决定性因素，企业本身的状况才是他决定是否投资的关键。较高的投资回报率会弥补初期投资价格上的劣势，而且杰出企业巨大的升值潜力会给他带来更多稳定的额外收益，这是那些价格低廉的平庸公司几乎无法做到的。

四、寻找管理层品质优秀的企业

一个企业是否具有升值潜力，除了企业的经营能力之外，还需要考察企业是否具有优秀的管理层。

大多数的投资者在进行投资时，向来只对能否盈利以及未来的收益充满了热情，对于他们来说，企业的管理层如何根本无关紧要。而巴菲特却不这么认为，在巴菲特的众多投资标准中，投资企业的管理层品质是否达到他所要求的标准将会对他的投资策略产生重大影响，因为管理人员把自己看成是企业负责人，就不会忘了企业最主要的目标——增加股东持股的价值。同时，企业管理人也会为了进一步达到这个目标，做出理性的决定。

所以，一家企业是否拥有优秀的管理人员关系到企业未来的发展，更和投资者的利益息息相关。如果没有优秀的管理人员，即便是非常优秀的企业，也可能会给投资者带来巨大的损失。

在巴菲特看来，投资企业的管理层只有达到了以下标准，他才会考虑对其进行投资。

管理层能够进行独立思考，并克服行业潮流的驱使

所谓行业潮流的驱使，也就是盲从企业的行为。巴菲特认为盲从的企业行为主要有：在开展业务时，不管领导者的计划多么的愚蠢，工作人员从不提出反对意见，而是用最快的速度送来关于利润率、回报率以及公司策略的研究报告以示支持；拒绝对目前的经营方向做出调整；他们会毫不犹豫地效仿同行业其他公司的制度、计划和策略等；公司所有的计划与并购行为总是试图用光所有可支配的资金。

大多数的管理层都被淹没在盲从的潮流中，而盲从的后果很容易使公司的管理层失去理智，从而令公司的发展停滞、遭受巨大的损失甚至破产。那么公司管理层为什么会产生这种盲从的跟风行为呢？

巴菲特对此具有深刻的认识：

（1）大多数的管理者对自己的管理能力过分自信。有些公司经常会出现这样的情况，由于某个管理人员可能在公司行政事务上有出色的表现，所以很快就被提拔到很高的位置，他的主要工作内容可能也随之发生了很大的变化。

但是新的工作却并不是他所擅长的，这时的他要想做出一点成绩的话，唯一的选择就是向他所信赖的助手征求意见，而差错往往就出现在这里，这些助手往往会对他们的建议大肆渲染，其结果就是他会毫不犹豫地全盘接受。但是事情的结果却总是和想象相距甚远，不幸的是广大投资者却替他吞下了这颗苦果。

（2）大多数管理者都具有一种可怕的攀比心理。他们时刻想到的是自己的业绩是否达到了高层的标准，因此，他们就会在经营公司的过程中，想方设法地让自己更加有所作为，决不放过一切可以让自己大展身手的机会，但是令人遗憾的是这些所谓的机会，事实上除了可以满足他们的攀比心理以外，却并不能给公司带来任何好处，有时甚至会使公司陷入困境，导致所有股东的利益受到损害。

管理层的行为是否具有理性的管理品质

巴菲特将公司的发展分成了四个阶段，如图 5-7 所示。

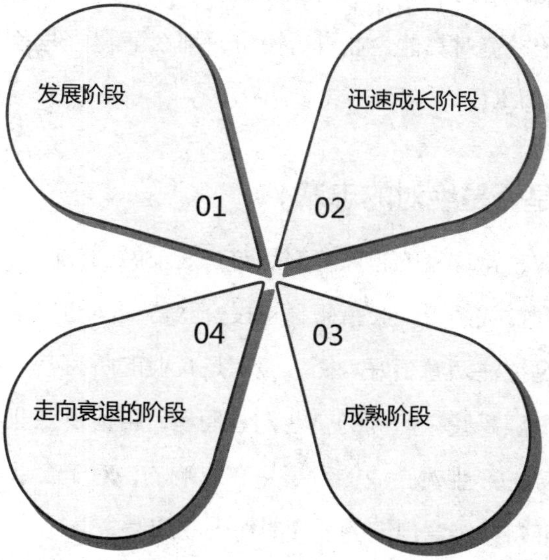

图 5-7　公司发展四个阶段

在他看来每个公司都会不可避免地经过这几个阶段。

第一个阶段为发展阶段。在这一阶段由于公司刚刚建立，为了开发产品开拓市场，会使用大量的资金，所以在这个阶段不会有可供分配的盈余。

第二个阶段为迅速成长阶段。在这一阶段，虽然公司开始出现少量盈余，但这些盈余都会被用来继续发展壮大公司。

第三个阶段是公司的成熟阶段。在这一阶段里，公司将会出现可供分配的资金盈余。

第四个阶段公司开始走向衰退。但仍然会产生大量的可供分配的现金盈余。巴菲特认为当企业进入第三和第四阶段的时候，企业的管理层对于如何分配企业所产生的大量盈余将面临三种选择：

第一种选择是用于继续扩大企业业务；第二种选择是用于投资对其他企业进行投资；第三种选择是交给股东。

对此，管理层该如何做出选择，将会是检验管理层是否理性的最直观的手段。巴菲特会对那些选择将盈余分配给股东的管理者投去赞赏的目光，因为他们的做法是绝对理智的选择。如果选择用于继续扩大企业业务，说明企业的管理层是在冒险，成功与失败的比例各占一半，无法对企业的进行准确的预测。

如果选择用于投资对其他企业进行投资，那么证明管理者对于这样做的后果还没有一个清醒的认识。

管理者对股东是否是绝对的忠诚

任何一个企业，管理者的忠诚度都是对企业发展至关重要的，股东与管理层之间矛盾表现在利益关系上，股东想通过投资获得更多的收益，管理者也想获得更多的报酬，但是往往两者不好均衡，股东是企业的所有者，要求的是股东利益最大化，企业管理层是股东雇佣的企业的管理者，目标是企业利益最大化。管理者和股东之间冲突的产生对企业的发展是有影响的，对于企业股票也会产生不同的波动。这是巴菲特在经营自己的公司时得到的启发。

巴菲特在每一次召开股东大会的时候都会把公司近期的经营业绩和公司所面临的问题以及自己在经营过程中所犯过的错误都毫无保留地发布出来，他要努力做到使自己的公司在所有股东面前透明化，只有这样才能得到股东的信任。巴菲特始终认为这样做不论是对管理者还对股东都会有好处。

但是并不是所有的公司都可以做到这一点的。许多公司总是会公布一些对公司有利的信息，以此来吸引投资者从而积累资金。巴菲特对于这样的做法总是非常反感，因为他知道每个公司在多年的经营过程中一定会犯下很多错误，包括他自己的公司也曾经犯过很多错误，没有哪一个公司可以做到完美无缺的地步。如果哪一个公司的报告书没有一点瑕疵，那么他会第一个将这个公司排除，因为这个公司在说谎。

纵观他所投资过的企业，无论什么时候，这些企业的管理者都能保持对他的绝对忠诚，所以巴菲特才放心把巨额资金交给他们管理。

五、投资消费者喜欢的企业和自己熟悉的领域

投资消费者喜欢的企业以及投资自己熟悉的企业，是少部分投资者选择投资企业的重要参考标准，一般来说，这两个方法适用于长期投资以及价值投资的投资者。

投资消费者喜欢的企业

投资消费者喜欢的企业，就是那些在消费者看来独一无二的企业，而这些受到消费者喜欢的企业，一般都会具有自己的企业特色，因为如果品牌没有自己的特色，消费者就不会认准那个品牌，也就难以形成消费者对品牌的忠诚，而消费者对品牌忠诚度有利于企业获得高额的利润，提高消费者对企业的忠诚度。

若是消费者的忠诚度提高，便意味着消费者购买产品次数会增多，有利于新产品的推广，减少企业营销成本，有利于忠诚的老客户为企业反馈大量的信息，

这些信息有利于企业了解市场需求和市场环境，对本企业的产品进行创新和加大运营力度。

当企业不断创新和运营的时候，会第二次受到消费者喜欢，消费者的喜欢会加大消费，并再次推动企业的创新和发展，如图 5-8 所示。

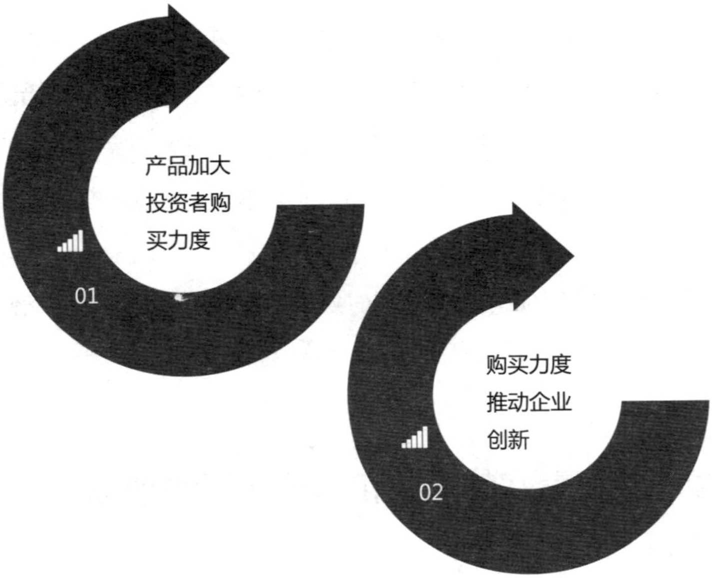

图 5-8　企业创新循环

可见，这是一个循环的过程，在这期间，虽然很多其他的竞争对手会与其竞争市场占有率，但是，因其备受消费者喜欢，或者其影响力和品牌力已经在消费者心里扎根。

无论其他企业怎么提高自己的竞争力，可能依然无法将其在市场中缩小或者是在消费者心中抹去，因为已经树立了良好的消费者忠诚度。

那么，投资者如何判断一个企业是否属于消费者青睐型的企业？投资者可以通过图 5-9 中的两个方法进行判断。

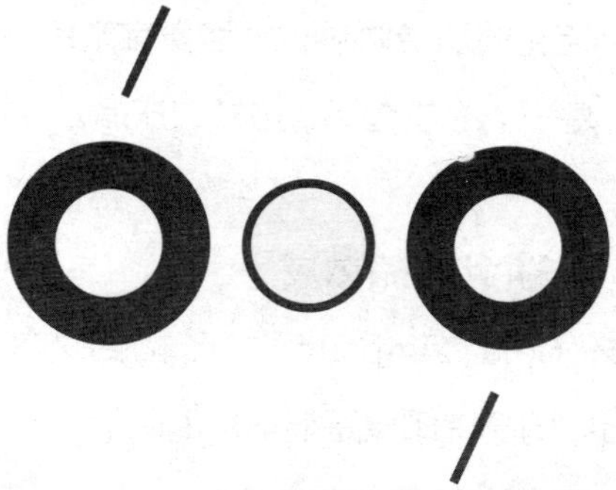

图 5-9　企业的隐形关注点

良好的信誉是企业备受青睐的原因之一，信用是一个企业文化的内在反映，是企业的无形资产，信用就像是磁铁一般吸引着无数的消费者，良好的口碑无形地增加了企业的投资价值，就会使该企业的股票保持良好的表现。

除了关注企业信用，投资者还可以关注企业背后的隐形资产。和普通商品企业相比，某些企业不需要强力依赖土地、工厂和设备，它们的财富来源于触摸不到的资产，比如说麦当劳、迪士尼等品牌名称，由于联邦的课税主要来自各公司的营运，这些公司的所得税因营运而有所改变，所以这类企业所要上缴的税收就会比普通的企业少。

由于这类企业具有雄厚的资金实力，可以自由地开拓其他可以获利的领域或者是购买自己的股票。而普通商品生产企业在同这类企业进行竞争时似乎就显得心有余而力不足了。

众所周知，可口可乐公司便是一家受到消费者青睐的公司，即便在经济不景气的情况下，可口可乐的业绩依然很坚挺，主要是因为表 5-3 中的几个原因。

表 5-3　经济不景气时，可口可乐业绩坚挺的原因

第一个原因	消费股可以长期抵御经济周期
第二个原因	可口可乐的百年品牌效应
第三个原因	可口可乐无处不在的营销理念

第一个原因：消费股可以长期抵御经济周期

可口可乐作为一种平民化的消费饮料，价格便宜亲民，口感独特好喝，炎热的夏天来瓶冰镇可乐绝对是一个绝佳选择。这样的产品，不管经济景气还是萧条，老百姓都会去消费的。

第二个原因：可口可乐的百年品牌效应

可口可乐公司（Coca-Cola Company）成立于1892年，历经两次世界大战，这种深深刻在消费者心目中的品牌印象是很难被消除的。

第三个原因：可口可乐无处不在的营销理念

可口可乐公司长年累月地投入大量资金制作各种宣传广告和营销活动，重复加深记忆，让人产生错觉认为可口可乐已经是日常生活的一部分，从而形成习惯性依赖，培养大量被植入印象的消费者。并且可口可乐的购买渠道非常丰富，从超市到便利店都可以轻松买到。

可口可乐所特有的消费者青睐型的气质，曾经让世界上最大的连锁百货公司自愧不如。零售业巨头的沃尔玛，曾经推出了一种自己的可乐，设想可以和可口可乐公司分享一定的市场份额，但事实让沃尔玛彻底打消了这个念头。因为即使是在消费者无法辨认品牌的情况下，仍然会选择可口可乐，而对沃尔玛的可乐置之不理。

巴菲特一直以来都为投资可口可乐公司并获得了巨大成功而深感自豪。

投资自己熟悉的领域

20世纪80年代，当大多数投资者十分陌生的网络科技股出现时，众多投资者就像着了魔似的被这个美丽梦幻般的网络科技股所吸引，蜂拥而上，人人都在做着一夜暴富的美梦。

而实际上这些投资者根本对网络科技股知之甚少，几乎没有几个人了解这种股票，甚至就连当时所谓全球最大的网址搜索引擎公司或全球最大的一些网络公司都根本无法预测网络科技股的收益，投资者对于网络科技股的市价为何会飙升到了营业额的几十倍甚至上百倍既惊喜又迷惑。

这时，巴菲特是清醒的，当有人问他是否有意投资科技公司时，他的答案是否定的。原因在于他对于微软和英特尔的股票一无所知，他也无法描绘 10 年后世界的样子，网络科技在他看来似乎是一个危险物，在他还没有真正了解它的时候，唯一明智的选择就是敬而远之。

有一次，巴菲特曾经在公司的股东大会上开玩笑地说："如果今天我是在教大学投资课程的话，我会在期终考试的时候，问学生这个问题：你如何给这些网络公司定价？任何提供答案的学生，我都会当场判不及格！"

巴菲特的好朋友查理·芒格也十分赞同这个投资观点，他认为自己没有涉及高科技企业，是因为自身缺乏涉及这个领域的能力。相比较高科技企业，自己比较了解传统行业的股票，所以，会选择与了解的企业打交道，而不会参与一无所知的领域进行竞争游戏。

事实证明巴菲特与查理·芒格是明智的与理性的，当年巴菲特选择投资可口可乐的时候，早已对可口可乐公司及产品进行了详细地调查。

在巴菲特童年时期，便初次喝到了可口可乐生产的饮料。随后，他了解到可口可乐公司已经有了一百多年的经营历史，它的足迹已经遍布世界各地，它的名声已经享誉全球。此时，巴菲特对于可口可乐公司的经营产生了好奇。

巴菲特对可口可乐进行了简单而明了的业务调查，发现可口可乐公司将买来的原料制成浓缩的液体，通过遍布世界各地的销售网络出售给控股的装瓶商。装瓶商再将这些浓缩的液体加入其他成分，制成成品后再出售给零售商。如此简单的销售方式让巴菲特震惊。

1988 年的秋天，巴菲特开始买入可口可乐股票。一直到 1989 年的春天，巴菲特已经买下了价值 10.7 亿美元的可口可乐股票，占可口可乐总股本的 7%。

巴菲特总是说："我喜欢我能够理解的那些产品，我不懂网络科技是什么，可口可乐才是我的最爱。"

巴菲特也用事实证明了自己对可口可乐的喜爱，巴菲特曾在接受美国杂志采访时透露他的养生之道，一天喝 5 瓶可口可乐，并说："如果我每天摄取 2700 卡热量，那么当中四分之一就是从可口可乐而来，我起码喝 5 罐 12 盎司装可口可乐，日日如此。”除此之外，他还有一个怪癖，在公司喝一般可乐，在家则享受樱桃可乐。

巴菲特用他一次又一次的成功投资在告诉所有的投资者，在选择投资目标的时候，要先清楚地了解自己，哪些企业是自己所熟悉的，哪些企业是在自己的投资能力范围之内的，再进行投资是投资过程中非常重要的步骤。

根据巴菲特的策略，不管投资者选择投资哪个领域，一定是投资者自己熟悉的领域，最好也是投资者自己擅长的领域，因为任何项目任何行业都不是三天两天可以摸透的，相关的行业经验非常重要，如果投资者对某个领域不熟悉，投资起来就容易出现很多盲目性，即便行业发展非常好，投资者自己也未必能够赚钱。

同时，投资不熟悉的行业对投资者开展难度较大，投资过程中，遇到的困难也多，即使能够成功，也需要付出巨大的代价。即便行业发展非常好，投资者也未必能够赚钱，这是因为投资者不熟悉的行业，投资信心不足或投资具有盲目性，所以风险也比较大，远远都不如投资自己熟悉的行业稳定。

投资者可以通过以下三个方面来选择自己熟悉的行业，如表 5-9 所示。

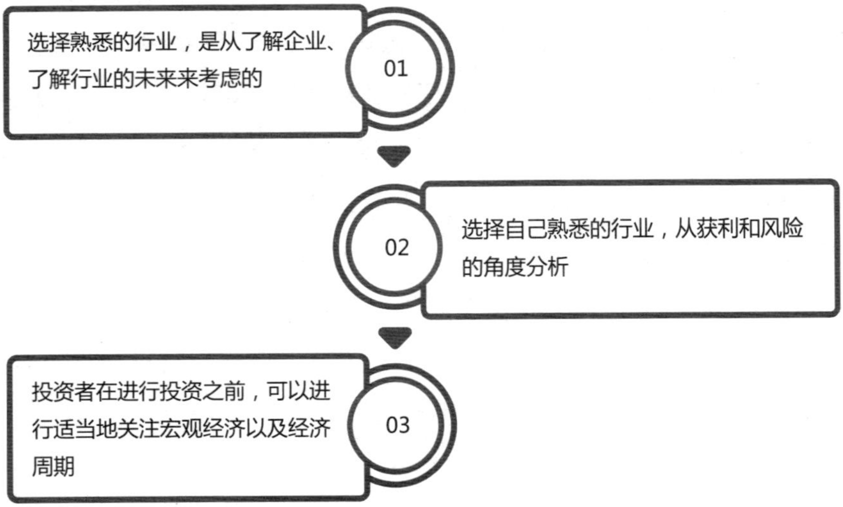

图 5-9　投资者关注的行业

第一点：选择熟悉的行业，是从了解企业、了解行业的未来来考虑的。

只有投资者熟悉行业，才能够预测未来行业会发展成什么样、企业会变成什么样子、这个行业的容量有多大、成长速度有多快等等，投资者知道了这些信息，才好去判断企业，知道企业在行业中的地位是领导者、追随者，还是后进入者，这样才好给企业估值，才知道花多少钱合适。

第二点：选择自己熟悉的行业，从获利和风险的角度分析。

投资本身就是风险与盈利的结合，不能只考虑一面，不仅要从获利的角度来考虑，同时也要从风险的角度来考虑。

只有投资熟悉的企业和行业，投资者自身才知道它有什么风险点、出现什么情况需要警惕、什么情况出现了就需要出局观望。这个风险直接决定投资者盈利多少的因素，虽然投资者可能前面赚了很多，但如果不能及时出局的话，那盈利也将被吐回很多。

第三点：投资者在进行投资之前，可以进行适当的关注宏观经济以及经济周期。

因为从宏观经济以及经济周期中，投资者或许能够了解到哪些领域政策红利最多，还能够了解到潜在的市场是否庞大，现在到未来是否有持续强劲的需求前景，那样投资者才可以选择能够实现最大盈利化的投资行业。

第六章

评估投资风险

投资有风险，但风险的本质到底是什么呢？有人说：投资失败就是赔钱，而风险，就是赔钱的概率和大小。

对，但是不完全。

投资风险是指对未来投资收益的不确定性，在投资中可能会遭受收益损失甚至本金损失的风险。

可以说，投资者所做的任何一笔投资，都承担了一定的风险，获取的回报可以看作是对应的风险溢价。有句话叫无知者无畏，说的其实就是对风险的毫无察觉。但在投资上看来，这其实非常危险。

在投资前，投资者若是不评估投资风险，便难以顺利的操作，本章介绍如何评估投资风险。

一、缺少风险意识，陷入投资陷阱

无风险高收益的投资是不存在的，很多投资者的风险意识很薄弱，风险容忍度较低，很容易导致最终的亏损。

缺乏基本面风险意识导致的亏损

比如，在投资现货黄金之前，很多投资者仅重视理论知识和技术知识，却缺少风险意识，往往忽略了潜在的风险；比如当美联储发布了加息的消息时，投资者没有意识到现货黄金市场的风险；比如当美联储发布了减息的消息时，投资者仍然没有意识到现货黄金市场的风险。这里，以投资者 A 为案例进行分析。

案例 1

投资者 A 持有现货黄金，现货黄金的价格走势一直按照投资者 A 的预期运行，加之在娴熟的操作下，投资者 A 一直处于赢利状态。但是，从某一天开始，现货黄金价格走势出现了波动，没有按照投资者 A 的预期运行，投资者按照自己熟练的操作技术和理论知识进行分析，却没有弥补因价格波动带来的亏损，导致最终亏损严重。

直到投资者 A 的好友投资者 B 告诉投资者 A：“当美联储发布加息的消息之前，我就做了止损，但是还是出现了一些亏损，可见我的风险意识还不是很强。”听到这里，投资者 A 才恍然大悟，原来美联储加息的消息导致现货黄金的价格出现了剧烈波动，自己竟然没有一点风险意识。

缺乏风险意识的投资者 A 调查了美联储加息对现货黄金价格造成的影响，发现自 1982 年以来，美联储共经历了 5 轮较为明显的加息，并出现了不同的市场波动，如表 6-1 所示。

表 6-1 美联储加息次数与时间

加息次数	加息时间周期	经济状况
美联储第一轮加息	1983 年 3 月 -1984 年 8 月	基准利率从 8.5% 上调至 11.5%，经济复苏期
美联储第二轮加息	1988 年 3 月 -1989 年 5 月	基准利率从 6.5% 上调至 9.8%，这个时间是通胀抬头期
美联储第三轮加息	1994 年 2 月 -1995 年 2 月	基准利率从 3.25% 上调至 6%，这已经到了通胀恐慌期
美联储第四轮加息	1999 年 6 月 -2000 年 5 月	基准利率从 4.75% 上调至 6.5%，互联网泡沫期
美联储第五轮	2004 年 6 月 - 2006 年 6 月	基准利率从 1% 上调至 5.25%，房市泡沫期

根据表 6-1 所示，美联储 5 次加息的时间均相差 4 年左右，虽然加息的目的是控制通货膨胀，但是，每次因通货膨胀而导致加息的原因都不相同。

第一次加息的原因是 1981 年美国的通货膨胀率高达 13.5%，接近超级通胀。美联储通过大规模的加息抑制通货膨胀。

第二次加息的原因是美国 1987 年股市崩盘，美联储紧急降息救市。由于救市及时、股市下跌对经济影响不大，1988 年起通胀继续上扬，美联储开始加息应对。

第三次加息的原因是美国 1990-1991 年经济衰退，1994 年经济复苏势头重燃，为了控制通货膨胀，美联储加息应对，美国国债收益率大幅下降。而这一次加息也被认为是导致此后 1997 年爆发亚洲金融危机的因素之一。

第四次加息的原因是美国 1999 年强劲增长，失业率降至 4%。互联网热潮导致通货膨胀，美联储加息应对，2000 年互联网泡沫彻底破灭后，全球的经济再次陷入衰退。

第五次加息的原因是美国当时房市泡沫涌现，此前的大幅降息激发了美国的泡沫，2004 年通胀抬头，美联储开始收紧政策，连续加息直接导致美国房地产泡沫破裂，直至次贷危机引发全球金融危机。

加息本身对于现货黄金而言是利空，对于美元而言是利多，当加息被认为要实施的时候，一部分投资者会纷纷开始抛售手中持有的黄金，另一部分投资者会根据市场传言和预期利空的前提之下卖出黄金，因此黄金价格就会在加息的前夕下跌。

黄金价格持续跌到一段时间，当加息落地或者预期消化后，所有的投资者已经知道该消息，那么市场不会在低位追空。

投资者需要注意的是，加息本身是在经济条件允许的情况下实施的政策，其实投资者更多的是担忧加息之后美国的经济增长速度能否跟得上加息的步伐，加息是否只是表面现象，加息是否能够真正体现经济复苏的水平。诸如此类的顾虑导致投资者再买入黄金，以规避加息之后的不稳定性和不确定性带来的风险。

综合来说，加息的预期利空黄金，导致黄金价格下跌，这也是金融市场上经济上演的一种走法。若是投资者没有关于美联储加息对现货黄金价格影响的风险意识，那么，就很可能会像投资者 A 一样，不能够及时面对走势的波动做出最佳的决策。

所以，投资者首先必须要增强投资的风险意识这是投资者进行投资分析和风险控制的前提和基础。

贪婪令投资者丧失风险意识

很多投资者都很喜欢用成交量来分析股票后市的行情，所谓“价量关系”，也即是说量为价先行，成交量常常作为股价的先导，但即便如此，投资者的贪婪会导致投资者的风险意识降低，误入市场主力的陷阱。

那么主力如何设置成交量陷阱？投资者又如何因为贪婪失去风险意识的，如图 6-1 的五个方面。

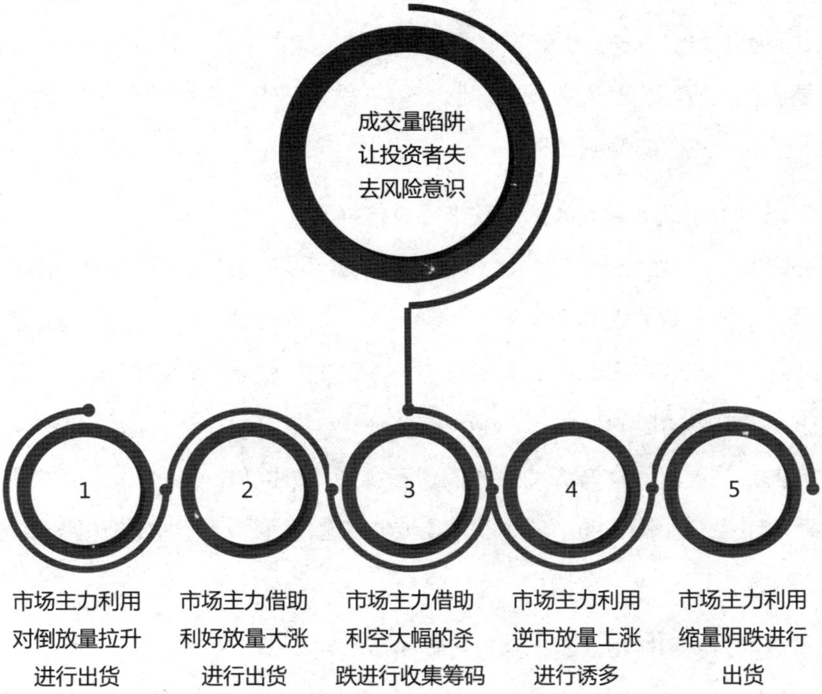

图 6–1　成交量陷阱

1. 市场主力利用对倒放量拉升进行出货

放量拉升往往是市场主力出货的前奏，这个时候，市场主力常掌握好盘口信息，可以提前破解主力操盘意图。

市场主力利用投资者“量增价升”惯性思维，在拉升的时候采取不断大手笔对敲的策略，持续放出大成交量，制造买盘实力强劲的假象，以吸引场外跟风盘的进入，来达到自己趁机出货的目的，一旦贪婪的投资者缺乏风险意识，就极容易陷入市场主力的陷阱。

2. 市场主力借助利好放量大涨进行出货

当市场主力发出利好消息的时候，投资者往往会蜂拥买入，市场主力利用投资者的这个弱点，进行顺势出货。

尤其是当股票在发布中报、年报优异业绩以及发布重大利好消息的时候，主力机构一般都能够提前掌握好各种利好消息，进而提前推升股价，一旦利好兑现，便利用投资者的贪婪，在其纷纷看好买进时，顺势放量上涨，趁机减仓或者出货。

若是投资者看不出利好兑现的风险，或者是看不出走势极端放量的异常，往往会陷入了市场主力的陷阱。

3. 市场主力借助利空大幅的杀跌进行收集筹码

这种情况下多数会出现在大盘个股已经持续下跌的时候，一旦出现了利空消息，主力经常会采取放大利空的效应，利用大手笔的对敲来打压股价，刻意制造恐慌性破位下行，或者大幅杀跌，诱骗心态不稳的投资者抛售股票，来达到主力借机快速收集筹码的目的。

市场主力的这一操作方法使很多投资者容易掉进陷阱，但是也有一些投资者的风险意识较强，即便市场出现利空使得走势大幅度下跌，但也按照自己的操作计划进行操作。

4. 市场主力利用逆市放量上涨进行诱多

有些股票本身就是跟随大盘同步下跌或者逆市抗跌、构筑平台整理，当某一天在大势放量下跌时，而这只股却逆势飘红，放量上涨，这时候很多投资者就会认为这股逆势上涨，一定是有潜在的利好消息，或者有大量的新资金入驻。于是就大胆地跟进，却没想到这股只有一两天短暂的行情，之后就加速下跌了，导致很多在股票放量上涨当天跟进的人套牢。

另外有一些投资者在设立心理账户之后，获取达到心理账户的收益之后便会停止操作，即便市场出现利好消息导致的成交量放量上涨，也不会继续操作。

5. 市场主力利用缩量阴跌进行出货

缩量阴跌意味着抛压在减弱，这属于正常的价量配合关系。

然而很多累积升幅巨大的个股主力机构会利用投资者的这种惯性的思维，利用缩量阴跌方式，缓慢地出货，让在高位套牢的投资者产生缩量之后不会再深跌的麻痹思想，从而丧失了风险意识，错过及时止损出局的最佳机会，一步步进入深套的陷阱。

二、投资风险的认知

投资风险是关于不确定性的衡量，投资是对未来发展趋势的预期和判断，存在不确定性，也存在失败的可能性，所以投资是有风险的，概率往往用来描述投资的风险。

无论是基本面分析还是技术面分析目的都是通过研究，认知风险，总结规律，规避风险，并预测未来，从而提高获胜的概率。大多投资失误都与对风险认知不足和对风险管理失当有关。

一般来说，风险和收益是投资这枚硬币的正反面，而风险管理是一切投资管理的核心。投资分析的终极目的是通过认知风险，管理风险，最终获取最大化收益。

许多投资者在投资领域里之所以频繁地遭受损失，是因为他们投资的习惯存在着某些弊端，或是这些投资者对投资风险的认知不够，存在着根深蒂固的漏洞和错误。

图 6-2 是一些在金融市场和投资领域里流行甚广但却存在重大缺陷的错误认知。

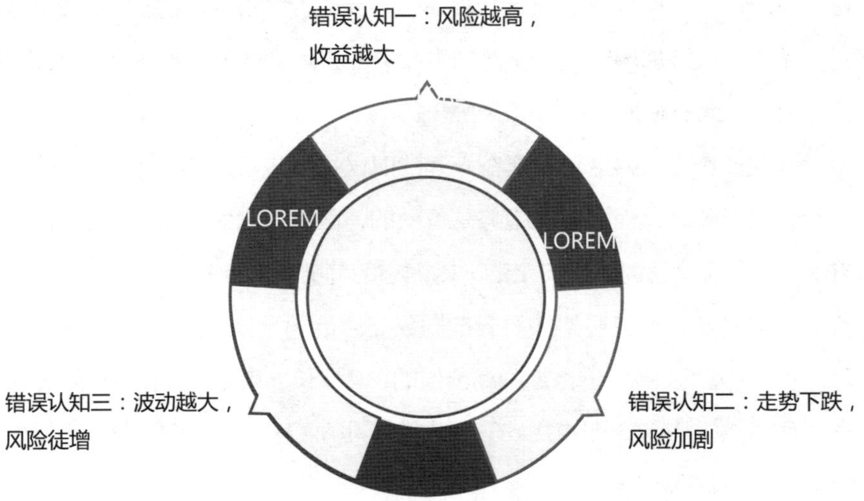

图 6-2　重大缺陷

错误认知一：风险越高，收益越大

很多投资者对于风险和收益关系的认知，都是基于传统的经济学理论和基础，这些投资者认为——风险越高，收益越大，风险和收益成正比。

不可否认，“风险越高，收益越大”在大多数情况下是成立的，比如彩票的中奖概率几乎为零，但若是买中彩票，回报却是巨大的。

在这样的风险收益理论框架下，很多投资者认为，股票的风险性要高于债券，所以潜在的收益率也较债券高，那么便可以通过高收益来弥补投资存在的高风险。

这个观点看起来似乎是确凿无疑的，如果投资者仔细思考的话，会发现这个观点也会存在许多的问题。比如若是一个企业面临清算破产，那么该企业“安全性高”的债券和“风险性高”的股票一样，也是不安全的，有可能得不到清偿；同样对于一家资产有保障、收益情况良好的企业，风险性高的股票也和安全性高的债券一样，也是较安全的。

错误认知二：走势下跌，风险加剧

投资中还有一种错误认知，即“走势下跌，投资风险加剧”。

这里以投资股票为例，假设某只股票的内在价值为 10 元，如果这只股票的价格处于 20 元，则存在风险，而如果它从 20 元的价格下跌，那么这是风险释放的过程，而不是风险加剧的过程。而如果股价一直跌到 6 元，则证明该股具有较大的安全边际，此时是投资者购买的好机会。

但大多数投资者认为这只股票在 6 元的时候是风险巨大的，因为它可能会下跌到 1 元，甚至破产，因为它的趋势是下跌的，而当这只股票从 20 元上涨到 30 元的时候，他们又会认为它是安全的，因为它的趋势是向上的。

我们很难确定，这只股票在 6 元的时候是否会再下跌，或者在 30 元的时候不会再上涨，从短期来看，价格是脱离价值的，但从长远来看，价格会向价值回归。作为一个理性的投资者，即使在 6 元时去购买也不会在 30 元时去购买这支内在价值为 10 元的股票。

在投资领域有一个著名的遛狗理论，狗时而跑在主人的前面，时而落在主人的后面，时而和主人并肩而行，不过最终狗和主人会一起到达目的地。

其实，股票投资中价值和价格的关系就像遛狗时人和狗的关系。股价受外界各种利好利空的消息影响，有时候价格高于价值，有时候价格低于价值，但回归价值是其最终的归宿。

若是从哲学上来看，狗的主人，即投资者是企业的内在价值，而狗就是股票的市场价格，只要企业的质地没有变差，那么股价的下跌应该是非常好的投资机会。这个时候，投资者应该努力地控制存在于投资交易时过多的人性因素，理性地看待投资，并采用购买食品的办法去购买股票，并在它们价格下跌时，投资者更应该感到开心。

错误认知三：波动越大，风险徒增

不可否认，许多投资教科书都对波动进行研究，把波动和风险相关联起来，说道“波动越大，风险越高”，从另一种角度来说，认为股价下跌是一种风险的投资者，在投资过程中存在不理智的行为。

任何投资品都存在波动，即使银行存款的利率变动也是现金这种资产的波动性的体现。如果没有波动性，价格四平八稳，那么，就不会有利润，更不会有投资和投机活动。所以说波动反而是投资活动的朋友，而非敌人。

投资产品的价格波动性越大，振幅越大越深，越能给投资者提供购买价值低估的股票机会。

这里还以投资股票为例，某只股票内在价值 10 元，如果该股振幅为 5 元，若当前的股价为 15 元，那么，它的高价为 20 元，低价为 10 元，正好符合该股内在价值，还达不到一个严格的价值投资者的购买标准；如果它的振幅为 10 元，那么，它的最高价是 25 元，最低价是 5 元，正好是内在价值打 5 折，对于投资者而言，股价为 15 元的时候是非常好的投资机会。

其原因如图 6-3 所示。

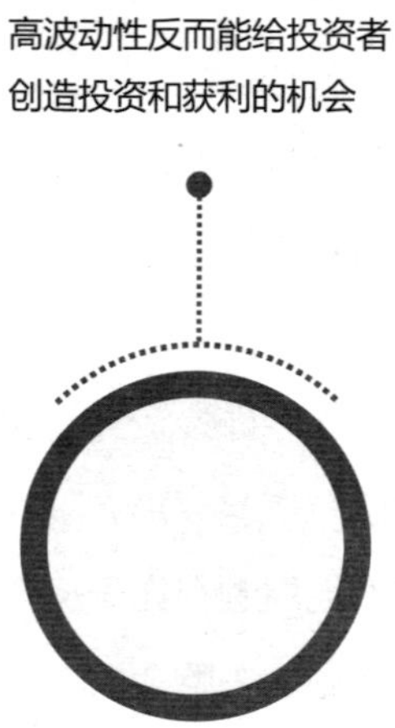

图 6-3 投资机会

许多普通投资者总是把获利摆放在前面，而非首要考虑规避亏损的风险，更可怕的是，这些投资者本身脑海中存在的风险知识不够完善甚至完全错误。对于他们来说，盈利只是侥幸，亏损属于必然。

三、巴菲特的风险认知

作为“股神”的巴菲特是如何认知投资风险的呢？其实，在巴菲特的投资生涯中经历了很多巨额资金的赢利与亏损。

在投资市场经历数十年之后，股神巴菲特对于其成功的秘籍归结为一句话：“第一，尽量避免风险；第二，尽量避免风险，保住本金；第三，坚决牢记前两条。”可以说，风险认知是巴菲特取得成功的背后最为重要的因素之一。

首先，从行业的选择来看，巴菲特选择的通常是那些业务成熟、清晰的行业，如年报所列的地毯制造、建筑和工业涂料、混凝土和面砖、服装和鞋子、家具零售、商业和房地产借贷，以及居于主体的各类保险和再保险公司等。

其次，巴菲特不投资金融衍生品业务。虽然巴菲特同时涉足保险、证券等金融业务，并不对非实体性业务存在偏见，但是他却不接触金融衍生产品业务。

原因之一是他从年报上对衍生品的评述，他对衍生品充满着戒备之心，他认为金融衍生品的运行几乎已完全脱离了实体经济，如他的评述“除非衍生品合约有抵押或者担保，否则它们的价值将取决于订约一方赋予其的信用价值”所言，金融衍生产品业务投资在长期投资中充满风险。

另一个原因就是巴菲特认为对于衍生品的风险判断极为困难，根本不存在一个明晰的框架和背景，这一被用来降低经济系统不确定性的工具却反过来增加了系统的不确定性。

正如巴菲特所言：“即使有经验的投资者和分析师在分析涉及衍生合约公司的财务状况时也会遇到很大困难。在读过一些大银行长长的关于衍生合约细节的注释之后唯一的感觉就是，我们无从判断这家机构到底承担着多少风险。”其意即对金融衍生产品投资业务—风险的认知极为困难。

再次，巴菲特对投资对象的选择尽管也体现着重视实体的倾向，但更主要的是实体行业容易认知以及风险可控。

在巴菲特的投资原则中有一条“简单商业”。这一条实际上凸显了巴菲特风险控制的信条，即可以认知的风险和商业。

最后，巴菲特的风险认知也体现在了选择投资的企业方面，巴菲特对具体投资企业的要求是企业规模至少为税前收入 5000 万美元，拥有可证明的持续的盈利能力，能开展为股东谋利的商业活动，同时要求企业雇用较少员工或者拥有较少负债。

企业规模显示了企业抵御风险的能力，巴菲特这几个要求与其说是对收益的要求，不如说是对风险控制的常规财务评价要素。

他要求可证明的持续的盈利能力而不是未来的计划，这是因为强调未来本身就引入了不确定性风险。至于借较少的债或雇用很少的员工则属于财务上的考虑，同样的收益负债较多意味着财务风险较大，员工工资可视为一种固定支出。

我们能够看出巴菲特具有良好的风险认知能力，他也坚持可以认知的风险，他知道该去投资哪些企业，不该投资哪些企业。

虽然我们做不到像巴菲特一样，但是投资者可以通过下面几个方式来提高自己的投资风险认知，并将风险控制落实到投资的每个环节，如图 6-4 所示。

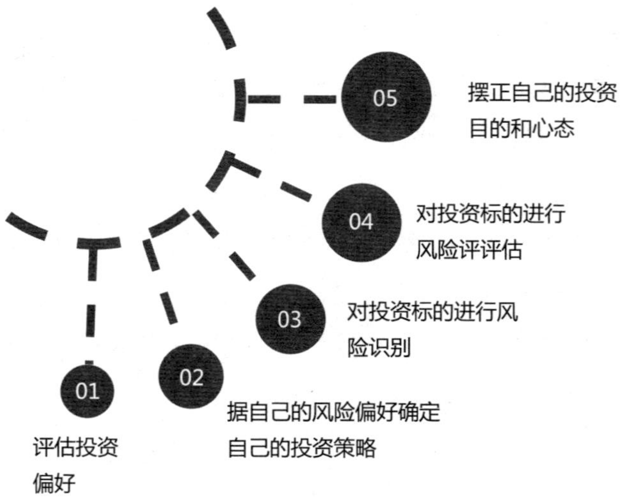

图 6-4　风险控制

第一，在投资之前必须问自己的几个问题：你知道自己的风险偏好度吗？你能说出自己的核心投资理念吗？你对投资标的的风险收益特征了解吗？你打算长期投资吗？你打算集中投资还是分散投资？

第二，投资者要根据自己的风险偏好确定自己的投资策略：投资理念、投资期限、大类资产选择、分散集中等。

第三，投资者需要对投资标的的风险识别：系统风险、行业风险、公司风险等。

第四，投资者需要对投资标的的风险评估：采取相应的具有可执行性的风险控制措施。

第五，投资者需要摆正自己的投资目的和心态：在投资市场上不能妄想一夜暴富，过于追求高收益往往会让投资者栽倒在巨大的风险之中，在选择投资方式时，个人投资者必须充分考虑剥自身的风险承受能力，在其承受范围内选择最为有利的投资方式，而不是一味地追求高收益。

四、识别投资风险的分类以及特性

证券投资风险，就是投资者投资期内不能获得预期收益甚至遭受损失的可能性。证券投资一方面可能给投资者带来收益，另一方面也可能带来一定的损失，而投资者进行证券投资的目的是收益最大化和风险最小化。

从理论上讲这种要求是不可能达到的，绝大多数情况下，投资者都不可能达到收益最大化、风险最小化。但是投资者可以寻求收益和风险的平衡点，即在一定收益情况下使风险降到最小，或在一定风险下使收益最大。

对投资者来说，影响证券收益的不确定的因素很多，在投资之前应该对其进行详尽地分析和准确地判断，虽然这是一项艰巨的需要才智的任务，但可以使投资者尽量避免或减少投资风险，取得较高的收益。

关于风险的来源，我们可以从大、小两方面进行分析，从大的方面看，既有国际经济和政治因素，也有国内经济和政治因素产生的风险；从小的方面看，则与企业经营状况及发展战略有关、与国内证券市场的运行及不同参与者的心理活动有关。

按照风险所及的范围不同，我们可以将证券风险划分为图 6–5 中的两种。

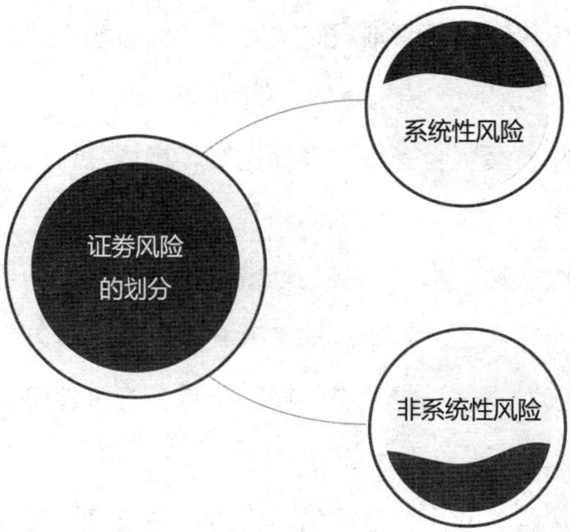

图 6–5　证券风险

系统性风险

系统风险是证券资产中固有的、靠外界力量也难以消除和避免的风险。它是由某些共同因素造成的，并且所有证券无一幸免，如战争、自然灾害、经济衰退等都是系统风险的来源。系统风险通常表现为某个领域，某个金融市场或某个行业部门的整体变化，它断裂面广，往往使整个一类或一组证券产生价格波动。

换句话说，系统性风险就是当投资者通过最优的资产分散，仍存在的那部分风险。包括政治风险、政策风险、市场风险、购买力风险、利率风险等。

以股票市场的风险为例，股票中的系统性风险是指由于某种因素的影响和变化，导致股市上所有股票价格下跌，从而给股票持有人带来损失的风险，其主要特征是投资人无法通过多样化的分散投资来化解，系统性风险主要是由政治、经济及社会环境等宏观因素波动造成的，主要有政策风险、利率风险、市场风险等。

系统性风险主要是由宏观经济因素的不确定性引起的，因而对系统性风险的识别就是对一个国家一定时期内宏观的经济状况作出判断。

非系统风险

非系统风险即可分散风险，其发生原因是影响某一证券投资品种收益的某些独特事件的发生，如新产品开发失败、企业合并、公司经营管理不善、市场变化、行业调整和投资操作失误等因素造成，主要有经营风险、财务风险、信用与道德风险、交易风险、违约风险、流通风险、倒闭风险等。

对于这部分风险，投资者完全可以通过市场行情分析、通过证券组合风险分散等手段加以避免甚至消除。

股票中的非系统性风险是指由于某种特定因素的影响与变化，对某 1 只股票产生不利影响，从而导致相关股票价格下跌并给股票持有人带来损失的风险，其主要特征是该风险仅对一部分股票产生局部影响，投资者可以通过投资多元化来分散风险。

对于非系统性风险，除了分散投资，投资者还应增强风险防范意识，多研究分析经济形势、行业前景和公司经营等情况，掌握风险防范技巧，提高抵御风险的能力。

能够分清系统性风险与非系统风险后，投资者对于风险应该有了更加明确的认识，那么，投资过程中的风险又存在哪些特征？通过总结得出，投资风险具有图 6-6 中的五种特征。

图 6-6　投资风险特征

1. 风险具有客观性

投资风险的客观性是指任何投资行为都是有风险的，风险是我们对于未来事物的评价，一旦原来猜测的风险变成现实，就是亏损，那时风险就不再被称为风险了。

在交易中，无论如何避免，都有或多或少的风险存在，也就是说，投资中的风险是不以投资者意志为转移，是存在于投资者的客观存在之外的。投资者可以采取风险管理办法降低风险发生的频率和损失幅度，而不能彻底消除风险。

2. 风险具有普遍性

投资过程中，投资者会面临着各式各样的风险。可能是投资环境带来的风险，也可能是其他原因造成的风险。

以股市为例，投资风险的普遍性包含以下三个方面。

方面一：范围。风险并不是只存在某一领域或板块，而是覆盖所有行业、板块、个股以及与股票投资相关的金融衍生产品。

方面二：种类。某只或某组合的股票投资风险，并非只有一种或两种风险，而是包含了各类风险。这是因为这些股票价格受到宏观经济、行业景气度、产业政策、上市公司基本面以及交易市场中的交易行为等多方面的影响。

方面三：时间。股票投资风险存在于整个投资过程中，对于整体股市来说，只要股市存在，就会有风险，而且风险并非只存在于股市开市期间，收市期间风险也照样存在，开市交易时期则是风险的集中表现。

对于投资者来说，只要投资者参与了股票投资，那么从此刻开始，投资者就承担了投资风险，直到退出股市。

3. 风险具有损失性

很多时候，投资市场中只要存在风险，就一定有发生损失的可能，这种损失有时可以用货币计量，有时却无法用货币计量。

4. 风险具有不确定性

风险具有不确定性，风险的不确定性主要表现在时间上的不确定性和损失程度的不确定性。

对于投资者来说，一项投资在当前来看可能会带来较高的收益，但投资发生后，市场需求萎缩或者投资的维持成本超过预先估计的水平，这些不确定性事件会影响投资者的投资意愿、投资水平和投资结果。

5. 风险具有可变性

投资风险具有可变性，这里以白银投资为例，由于影响白银价格的因素在发生变化的过程中，会对投资者的资金造成盈利或亏损的影响，并且有可能出现盈利和亏损的反复变化，所以白银投资的投资风险的可变性很强。

一般来说，投资风险会根据客户资金的盈亏增大、减小，但这种风险不会完全消失。

6. 风险的反常性

我们知道，风险意味着即将发生的结果的不确定性，以及不利结果发生时损失概率的不确定。高风险主要伴随高价出现，在高价时不知规避反而蜂拥而上是风险的主要来源。投资者认为风险已经消失的看法是最危险源头之一，也是促成投资失败的主要因素。

在市场的钟摆到最高点时，认为风险很低以及投资一定能获利的信念令投资者激动不已，以致投资者丧失了对损失应有的警惕、担忧及恐惧，只对错失机会的风险耿耿于怀，市场不是一个供投资者操作的静态场所，它受投资者自身行为的控制和影响。

尤其是投资者不断提高的自信可带来更多的担忧，正像不断增加的恐惧和风险规避共同在降低风险的同时增加风险溢价一样，这种现象称之为“风险的反常性”。

最大的投资风险存在于最不容易被觉察到的地方。在所有投资者都相信某种东西有风险的时候，他们不愿购买的意愿通常把价格降低到完全没有风险的地步，广泛的否定意见可以将风险最小化，因为价格里所有的乐观因素都被消除了。

五、投资者的风险偏好和风险承受能力

对投资者者来说，在投资过程中，应该围绕投资者自身的风险偏好和风险承受能力状况，努力去了解自己究竟是什么样的人，然后有意识地去培养那些有利于自己交易成功的品质，选取最适合自己的投资类型与投资产品，将利益最大化，风险最低化。

投资者的风险偏好

对于投资者而言，基本的风险类型和风险判断是其要进行投资的所必须了解的，如图 6-7 所示。

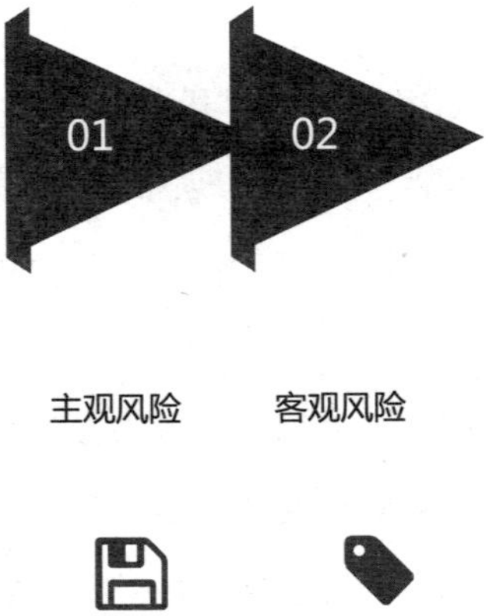

图 6-7　风险投资偏好

一方面，基本的风险判断是投资者要进一步投资必须首要考虑的因素，对于主观风险的认识，即是投资者个人心理上对于风险的基本判断和评估，但是这种判断具有相当的主观性和片面性，同时容易被投资者的风险偏好程度引导。另一方面，对于客观风险的存在，个人投资者因为专业水平有限、技术限制、信息不足的制约而难以准确全面判断和揭示出客观风险，这在一定程度上造成了投资者的决策困难。

投资者应该知道，投资中的风险是由投资过程的不确定性所引起的，而投资风险也就是现实结果无法符合期望结果的可能性。简言之，投资风险就是结果差异引起的结果偏离，即期望结果的可能偏离。由于信息不对称和资本市场的不完善，投资者在追求超额报酬的同时，必然要承担类似于支付对价的投资风险，这是风险与报酬必然存在的矛盾。我们可以从投资者财务风险产生的机理分析，如表 6-2 所示。

表 6-2　投资者财务风险的产生机理

机理一	财务风险是实现资本增值的内在障碍，由于财务风险的存在，资本增值难以实现
机理二	财务风险失去的是超额增值的外部条件，没有财务风险的存在，资本的增值性又难以充分实现

投资者需要权衡风险与收益二者的关系，进行风险管理，同时也就产生了投

资者的风险偏好。

作为投资者，必须正确认知风险。一些投资者会根据风险偏好做投资，另一些投资者则会运用风险承受能力来决定投资。风险偏好与风险承受能力，这两者究竟哪个更适合我们作为投资判断的依据，需要好好分析辨别一下。

风险偏好是主动追求风险，喜欢收益的波动性胜于收益的稳定性的态度。风险偏好型投资者选择资产的原则是：当预期收益相同时，选择风险大的，会带来更大的效益。

我们知道，不同的行为者对风险的态度是存在差异的，一部分投资者可能喜欢大得大失的刺激，另一部分投资者则可能更愿意“求稳”。根据投资者对风险的偏好将其分为图 6-8 中的三种。

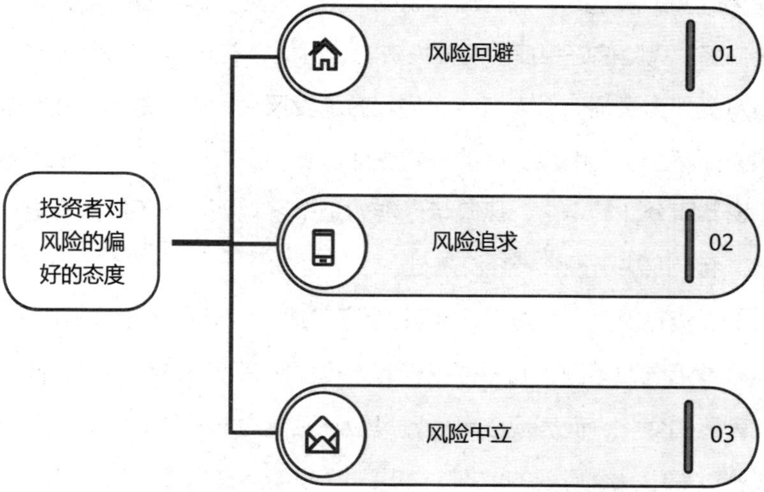

图 6-8　投资者风险偏好

1. 风险回避

风险回避者选择资产的态度是：当预期收益率相同时，偏好于具有低风险的资产；而对于具有同样风险的资产，则钟情于具有高预期收益率的资产。

2. 风险追求

与风险回避者恰恰相反，风险追求者通常主动追求风险，他们喜欢收益的动荡胜于喜欢收益的稳定。他们选择资产的原则是：当预期收益相同时，选择风险大的投资项目，因为这会带来更大的效用。

3. 风险中立

风险中立者通常既不回避风险，也不主动追求风险。他们选择资产的标准是预期收益的大小，而不管风险状况如何。

但是，风险偏好只是投资者们的一个主观考虑，对理性投资是不可取的。投资者愿意承受更多的风险只能说明投资者是一个风险偏爱者，但这绝不等同于投资者具有较高的风险承受能力。

投资者的风险承受能力

风险偏好并不决定一个人的风险承受能力，反之，风险承受能力也不一定会改变风险偏好。风险偏好相反的两位投资者，可能有着同样的风险承受能力。

风险承受能力是指一个人有多大的能力承受风险，也就是投资者能承受多大的投资损失而不至于影响投资者的基本生活。它与个人资产状况，家庭情况，工作情况等密不可分。简言之，风险承受能力是个客观因素，不以投资者的主观意志为转移，而是取决于投资者经济基础。

不同的投资者由于家庭财力、学识、投资时机、个人投资取向等因素的不同，其投资风险承受能力不同；同一位投资者人也可能在不同的时期、不同的年龄阶段及其他因素的变化，而表现出对投资风险承受能力的不同。因此风险承受能力才也是投资过程中一个重要的依据。如果一个投资者在预期高收益的诱惑之下，根本不考虑自己的风险承受能力，而去投资一些完全不符合自身风险收益特征的理财产品，一旦出现风险损失，那后果可能是其难以承受的。

在做投资理财之前，投资者需要对个人风险承受能力进行评估，之所以做评估是为了让投资者更清楚地了解到自己的抗风险能力，从而选择适合的理财产品。那么，个人风险承受能力和哪些因素有关呢？如图 6-9 所示。

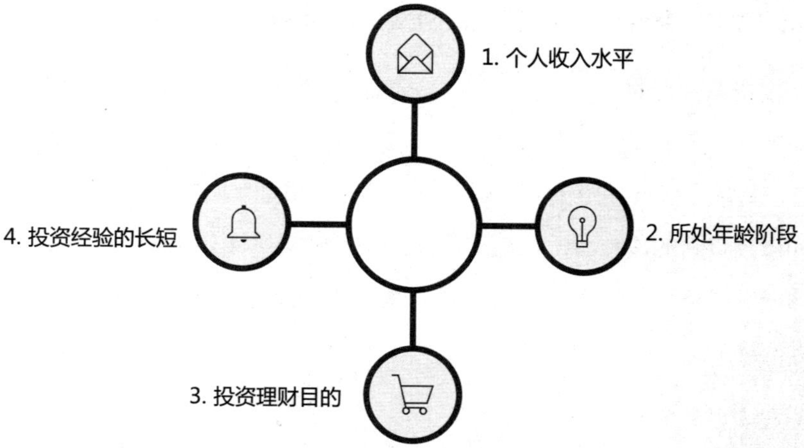

图 6-9　风险承受能力

1. 个人收入水平

一般来说，稳定的收入和资金结余是理财资金的主要来源。

风险承受能力的高低，跟收入水平密切相关。比如，如果投资者的每月收入在 8000 元人民币以下，除去衣、食、住、行等日常开销，可支配的结余资金可能只有一半甚至更少。

而剩下的钱又不能全部用于投资，还要留够一些资金作为紧急备用金，以防发生突发事件时可以有现钱应对。所以真正可用于风险投资的资金比较少，投资者还需要根据自己的可支配收入水平，进行量入为出的理性投资。

2. 所处年龄阶段

通常，年龄跟风险承受能力成反比，年龄越大，风险承受能力越低。我们可以参考生命周期来大致判断风险承受情况。

处于单身期和家庭形成期的投资者，通常年龄在 20 ~ 35 岁，由于工作处于上升阶段，生活逐步稳定，因此有能力承担较高的投资风险；处于家庭成长期的投资者，通常年龄在 35 ~ 50 岁之间，这些投资者虽然积累了一定的财富，但财务负担往往也会相应增加，因此风险承受能力略低。

而对于年龄在 50 岁以上的中老年投资者来讲，收入逐渐下降，不确定的支出增加，比如医疗、养老等，因此控制风险成了投资理财的首要考虑因素。

3. 投资理财目的

如果投资者的投资目的是十几年后的子女教育或者未来的养老医疗，那么投资者的投资风格应该偏重于低风险，投资应优选固定收益类的产品。

如果投资者的投资目的是满足个人的消费需求，比如买车、旅游等，那么投资者的投资风格可以偏积极一些，应考虑相对高收益的产品，并根据投资目标的期限进行短期或长远规划。

4. 投资经验的长短

我们都知道，投资是有风险的，投资者要想获得超额回报，必须具备一定的风险承受能力。衡量投资者风险能力的强弱，需要综合考察主观和客观两个方面的制约因素。

从主观上讲，根据每个人的风险偏好（即承担风险的个人意愿）不同，可以分为不同的类型，在上文中做过介绍。

若是从客观方面来看，投资期限的长短是投资者风险承受能力的重要因素。一般来说，短期投资应以保本微利为前提，中期投资以获取投资收益为主要目的，长期投资则以追求长期资产增值为主要目的。

总结起来就是，投资者的风险偏好和风险承受能力决定了投资者的资产配置。而资产配置又决定投资者将冒什么样的风险，获取什么样的收益。

六、风险能力测试

这里，附加投资者风险能力测试，投资者可进行测试，评估结果仅供参考，不构成实质性的投资建议。

1. 请问您的年龄处于：

A．30 岁以下；

B. 31-40 岁；

C. 41-50 岁；

D. 51-60 岁；

E. 60 岁以上。

2. 您家庭预计进行证券投资的资金占家庭现有总资产（不含自住、自用房产及汽车等固定资产）的比例是：

A. 70% 以上；

B. 50%-70%；

C. 30% - 50%；

D. 10% - 30%；

E. 10% 以下。

3. 进行一项重大投资后，您通常会觉得：

A. 很高兴，对自己的决定很有信心；

B. 轻松，基本持乐观态度；

C. 基本没什么影响；

D. 比较担心投资结果；

E. 非常担心投资结果。

4. 如果您需要把大量现金整天携带在身的话，您是否会感到：

A. 非常焦虑；

B. 有点焦虑；

C. 完全不会焦虑。

5. 当您独自到外地游玩，遇到三岔路口，您会选择：

A. 仔细研究地图和路标；

B. 找别人问路；

C. 大致判断一下方向；

D. 也许会用掷骰子的方式来做决定。

6. 假设有两种不同的投资：投资 A 预期获得 5% 的收益，有可能承担非常小的损失；投资 B 预期获得 20% 的收益，但有可能面临 25% 甚至更高的亏损。您会将投资资产分配为：

A. 全部投资于 A；

B. 大部分投资于 A；

C. 两种投资各一半；

D. 大部分投资于 B；

E. 全部投资于 B。

7. 假如您前期用 25 元购入 1 只股票，该股现在升到 30 元，而根据预测该股近期有一半机会升到 35 元，另一半机会跌到 25 元，您现在会：

A. 立刻卖出；

B. 部分卖出；

C. 继续持有；

D. 继续买入。

8. 同上题情况，该股现在已经跌到 20 元，而您估计该股近期有一半机会升回 25 元，另一半机会继续下跌到 15 元，您现在会：

A. 立刻卖出；

B. 部分卖出；

C. 继续持有；

D. 继续买入。

9. 当您进行投资时，您的首要目标是：

A. 资产保值，我不愿意承担任何投资风险；

B. 尽可能保证本金安全，不在乎收益率比较低；

C. 产生较多的收益，可以承担一定的投资风险；

D. 实现资产大幅增长，愿意承担很大的投资风险。

10. 您的投资经验可以被概括为：

A. 有限：除银行活期账户和定期存款外，我基本没有其他投资经验；

B. 一般：除银行活期账户和定期存款外，我购买过基金、保险等理财产品，但还需要进一步的指导；

C. 丰富：我是一位有经验的投资者，参与过股票、基金等产品的交易，并倾向于自己做出投资决策；

D. 非常丰富：我是一位非常有经验的投资者，参与过权证、期货或创业板等高风险产品的交易。

11. 您是否了解证券市场的相关知识：

A. 从来没有参与过证券交易，对投资知识完全不了解；

B. 学习过证券投资知识，但没有实际操作经验，不懂投资技巧；

C. 了解证券市场的投资知识，并且有过实际操作经验，懂得一些投资技巧；

D. 参与过多年的证券交易，投资知识丰富，具有一定的专业水平。

12. 您用于证券投资的资金不会用作其他用途的时间段为：

A. 短期——0 到 1 年；

B. 中期——1 到 5 年；

C. 长期——5 年以上。

1. 根据投资者回答情况计算评估得分

题评分表：

序号	1	2	3	4	5	6	7	8	9	10	11	12
A	3	1	9	1	3	0	0	0	1	1	1	1
B	7	3	7	3	5	3	3	3	5	3	3	5
C	9	5	5	7	7	5	5	5	7	7	7	7
D	5	7	3		9	7	7	7	9	9	9	
E	1	9	1			9						

总分：

2. 风险承受能力评估

（1）五档分类标准

	保守型	中庸保守型	中庸型	中庸进取型	进取型
得分下限	11	25	37	73	87
得分上限	24	36	72	86	100

当然，不同的类型的投资者有不同的特点。

1. 保守型投资者

这类投资者的首要目标是保护本金不受损失并保持资产的流动性，这类投资者对投资的态度是希望投资收益极度稳定，不愿用高风险来换取收益，通常不太在意资金是否有较大增值。

保守型投资者在个性上，本能地抗拒冒险，不抱碰运气的侥幸心理，通常不愿意承受投资波动对心理上的煎熬，追求稳定。

2. 中庸保守型投资者

这类投资者的重要考虑因素是“稳定”，他们希望投资在保证本金安全的基础上能有一些增值收入。希望投资有一定的收益，但常常因回避风险而最终不会采取任何行动。

中庸保守型投资者在个性上，不会很明显地害怕冒险，但承受风险的能力有限。

3. 中庸型投资者

这类投资者渴望有较高的投资收益，但又不愿承受较大的风险；可以承受一定的投资波动，但是希望自己的投资风险小于市场的整体风险，因此希望投资收益长期、稳步地增长。

中庸型投资者在个性上，有较高的追求目标，而且对风险有清醒的认识，但通常不会采取激进的办法去达到目标，而总是在事情的两极之间找到相对妥协、均衡的方法，因而通常能缓慢但稳定的进步。

4. 中庸进取型投资者

这类投资者专注于投资的长期增值。常常会为提高投资收益而采取一些行动，并愿意为此承受较大的风险。

中庸进取型投资者在个性上，通常很有信心，具有很强的商业创造技能，知道自己要什么并敢于冒风险去追求，但是通常也不会忘记给自己留条后路。

5. 进取型投资者

这类投资者的最大特点就是高度追求资金的增值，愿意接受可能出现的大幅波动，以换取资金高成长的可能性。为了最大限度地获得资金增值，常常将大部分资金投入风险较高的品种。

进取型投资者在个性上，非常自信，追求极度的成功，常常不留后路以激励自己向前，不惜冒失败的风险。

投资的成败首先取决于我们对风险的认知程度。只有冷静对待自己的风险偏好，认清自己的风险承受能力，并据此选择与自身实际相匹配的理财产品，才有利于投资者在有效控制风险的前提下，最终实现其投资理财目标。

七、站在风险的角度，看待证券市场的投资周期

很多专业投资者都会思考一个基本问题：投资风险与什么因素有关系？有的投资者说与市场有关，也有的投资者说与个人操作策略有关，我认为两者都对，投资者首先需要正视投资市场中的环境，才能在修正自己的投资策略。

而投资环境中，投资者除了需要关注宏观经济以及经济周期之外，还需要关注投资周期，很多投资风险是因为投资者不了解投资周期而产生的。

周期才是最重要的影响因素，投资与周期息息相关。也就是说，能否成为一名成功的投资者，重要的因素之一就是要看投资者是不是在一个周期里选对了行业，并做了正确的事情，如图 6-10 所示。

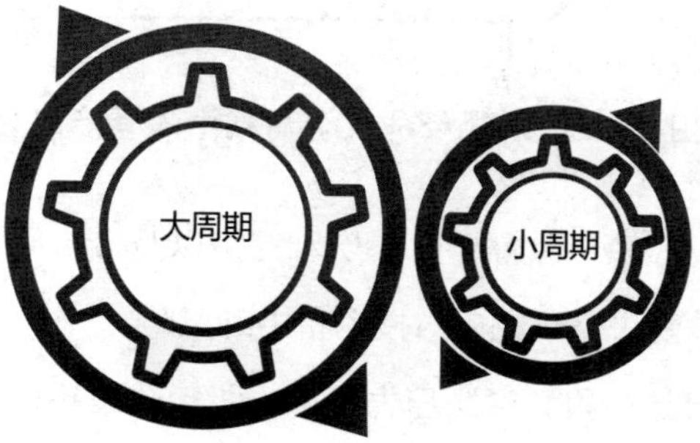

图 6-10　投资周期

也就是说，周期是经济和产业运行中的基本规律之一，整个宏观经济运行过程有自己的周期，大的周期中又会有小的周期。

投资者要做的，就是从这些周期中寻找好的投资机会，并判断好进入和退出的时间点。在周期中，你会发现投资过程相对容易很多。

本书第三章进行过介绍，根据美林时钟投资周期，投资者可以比较股票、债券、商品和现金四类资产在不同阶段的收益表现，把资产配置与宏观经济的投资周期紧密联系起来，来规避风险，如图 6-11 所示。

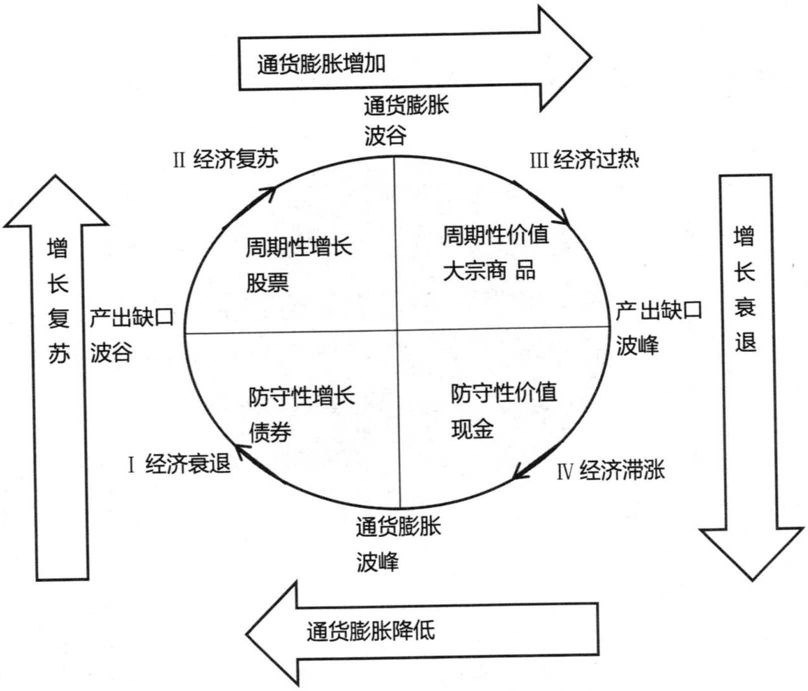

图 6-11　宏观经济投资周期中的资产配置

证券投资之前，投资者就需要了解宏观经济以及投资周期，做出对每个周期的风险管理策略，才能进一步的应对投资者中的风险。

综合来说，在衰退阶段，通胀压力下降，货币政策趋松，债券表现最突出，随着经济即将见底的预期逐步形成，股票的吸引力逐步增强。

在复苏阶段，由于股票对经济的弹性更大，其相对债券和现金具备明显超额收益。

在过热阶段，通胀上升增加了持有现金的机会成本，可能出台的加息政策降低了债券的吸引力，股票的配置价值相对较强，而商品则将明显走牛。

在滞胀阶段，现金收益率提高，持有现金最明智，经济下行对企业盈利的冲击将对股票构成负面影响，债券相对股票的收益率提高。

证券投资的价值就在于市场周期的转换，造成指数和股票几个波动变化中的投资获利，对于价值的定位也就和风险呈现的正相关性，需要投资者也需要把握投资价值和风险管理。

八、管理和控制投资风险

在证券投资过程中，要想全面风险管理，按照如上所述，在提高风险防范意识和风险认知、正视自身的风险偏好和风险承受能力以及了解投资周期之后，需要投资者正确的管理和控制投资风险。

对于中小投资者来说，全面地进行风险管理和控制是有一定难度的，必须结合投资者自身的投资偏好和风险偏好进行对应风险管理措施应用，分为如图 6-12 所示几个步骤。

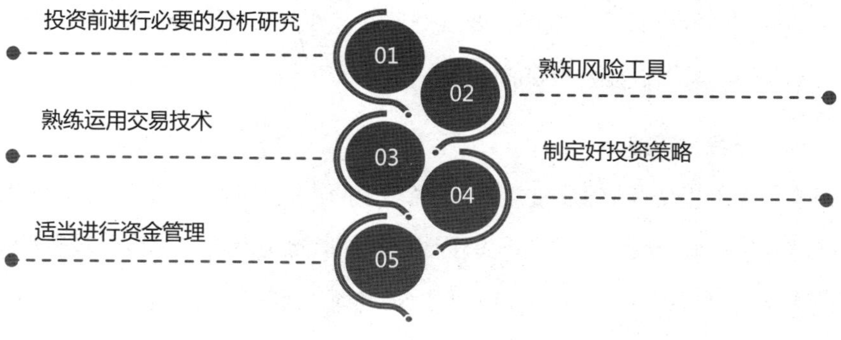

图 6-12 风险管理措施

1. 投资前进行必要的分析研究

在证券市场中分析主流是基本面研究和技术面研究，无论是哪一种研究，研究方法都有很多种，但不是多学一种投资者的能力就有所提升。因为当投资者新学习一种方法从零开始会拉低投资者以前的分析方法成功率，很有可能出现学的越多越乱的现象，这就需要投资者在盈亏中不断探索。

在研究经济市场与经济周期的前提下，分析研究的风险管理通过多元化组合方式最为有效，利用分析成功率控制分析博取利润。

2. 熟知风险工具

成熟的证券市场尤其投资机构，风险管理的主要措施都是利用风险工具，通过衍生品的开发有效锁定风险和利润，使其投资获得稳定回报。

但对于个人投资者来说，不是衍生品的设计和发行者，所以在利用衍生品工具进行风险管理时，需要投资者具有对各种投资知识和工具的研究管理能力，更需要投资者结合多种风险管理方法进行综合应用，利用风险工具控制风险将资金利用最大化和资产无限扩充。

3. 熟练运用交易技术

交易技术和技术分析有一定差别，需要投资者共同应用才能见成效。技术分析决定了买卖时机，但判定买卖时机是否有效，就需要投资者对交易技术进行把控。交易技术可以说是及时的资金管理，通过市场及时变化进行买卖数量和价位的把控，交易技术是通过个股盘面的情况进行报单的交易方法。

在限价和市价交易中的技巧，要以交易速度作为支撑，所以交易技术需要严格的执行力和判断力，需要投资者具有专业实战应用经验。

4. 制定好投资策略

一个优秀的投资策略最终必然会体现以下两点：在市场机会面前获得以投入资金规模为限的最大收益；在市场发生变化时，风险防范措施能够有效规避风险。

投资者在制定投资策略时，需要在对市场可能的收益与风险进行适当的了解之后，根据投资者自身的风险承受能力，在对市场未来一段时期进行预测基础上形成投资计划。因此投资者策略应该包含以下几个方面见表6-3。

表6-3 投资策略应包含的内容

第一个方面	收益与风险分析基础上所决定的总体持仓比例
第二个方面	风险承受能力的测试结果对投资策略的制定，是否产生一定积极影响或者是消极影响
第三个方面	在很大程度上，投资策略的制定会影响后续交易计划

制定投资策略所面临的风险来自宏观层面和微观层面，宏观层面的风险是指大的经济、市场环境发生变化足以改变制定投资策略，就会使得原有的投资策略与市场发生偏差。微观层面的风险是指在准备投资的、具体的、品种所面临的具体风险，主要来着行业、企业基本面等未来可能形成负面影响的不确定性。

微观层面的风险控制主要依靠对具体投资品种的深入研究和操作时的机会把握。对具体投资品种的深入研究，也就是要求投资者在投资前尽可能地考虑可能发生的不利因素并制定相应的策略。

在制定投资策略时应该充分考虑风险因素，并把风险因素有机融入投资策略中，并通过投资策略有效执行来体现出对风险的控制。

5. 适当进行资金管理

很多投资者进入股市，会学习到很多的技术理论，各种价值方法论，常常把这些作为战胜市场的武器，认为自己会在投资市场中成为第二个巴菲特，但是就算投资者选好了股票赚了点钱，稍微遇到大一点的波动，很多投资者便无法忍受这样的回撤。如果投资者继续定投，越跌越买，那么极有可能出现投资者资金不允许继续买进的情况。

所以，不管是买股票还是买指数，不管是技术面还是基本面，只要不注重资金管理，技术流和基本派没什么区别，最后都是一场空。

很多投资者都将资金管理定义为风险控制（止损）的概念，其实资金管理包含“头寸管理”和“风险控制”两部分。

资金管理中，头寸管理包括资金品种的组合、每笔交易资金使用的大小、加码的数量等，这些要素都最终影响投资者整个交易成绩。就如同世界上所有的赌场都限制赌徒下注的最高限额一样，这样做一来可以控制赌徒的损失，减少负面影响，二来可以控制赌场自己的风险，不使赌场由于某一次的偶然的运气，大额下注给赌场带来风险。一个好的专业投资者同样也应该如赌场一般，限制自己每次的交易金额。

价值投资之父巴菲特，不仅创造传奇，管理的基金现在都还在不停地增长。但巴菲特的成功不仅仅因为他厉害的价值投资理念和水平，而且在于他的资金管理能力，我们来看巴菲特的资金管理原则，如表 6–4 所示。

表 6–4　巴菲特的资金管理原则

资金管理原则一	将资金分成 10 份，永不在一次交易中使用超过 1/10 的资金
资金管理原则二	为头寸设立一个相对较近但又重要的止损指令
资金管理原则三	永远不过度交易，否则这会破坏资金使用规则
资金管理原则四	永不在一次交易中让盈利变为亏损

风险管理主要是涉及止损、止盈。风险管理就是使投资者能在市场中长久生存下去，在机会最好的时候还能在市场中有资金交易。

从概率的角度看，不能只看某几次交易的盈亏评价交易业绩的好坏，只有完成一定数量的交易，才能反映投资者的交易体系的真正成效。

投资者在进入市场的初期，首先需要关注当下的投资环境以及投资周期，其次需要投资者正视自己的投资经验和经历，控制仓位进行波段操作和增减仓的交易措施，从而控制交易量和风险管理。

为了便于理解，这里制定了一份“证券投资风险管理设计案例”，如下所示。

风险管理是保障投资资产的安全并获取收益预期的保障，投资分析和交易管理同样在整个投资过程中执行关键，投资者需要对于协调管控使投资过程顺利进行，需要在各个投资管理环节中进行总体控制管理。

（1）证券投资要求

1. 投资金额：50 万元；

2. 投资范围：上市 A 股；

3. 资产回撤：10%；

4. 收益目标：年化 50%，季度 12% 至 15%，每月 5% 左右；

5. 投资成效周期：3 个月以上；

6. 其他要求：适用新股认购要求。

（2）投资设计规划

根据投资要求的因素，该投资设计将通过资金管理、持仓管理、仓位控制、个股选配、短线技术交易、适度对冲等策略方面着手设计投资计划，并对每日的新股进行全额申购。

1. 资金管理：为保持每日的短线交易要求，投资者的账户余额 50% 资金用于日内交易，并将每日剩余资金进行国债回购及余额理财认购。

2. 持仓管理：整体持仓保持在 30% 至 50% 持仓范围。个股保持 5 只以上的组合品种，进行个股持仓比重调整。

3. 仓位控制：投资者将单个股票设定在 3% 至 5% 的止损，持仓控制在总资产的 10% 以内，使其最大风险回撤在总资产的 0.5%，以 0.5% 作为有效控制风险。

4. 个股选配：投资者的个股选择条件以中期投资选股标准，规避最高操作风险，采用个股强势反转跟踪交易品种。技术图形日线止跌 30 分钟反转为技术条件。

5. 短线技术交易：投资者需要把握日内个股强弱转变及波动，利用短线交易技术，防控个股波动风险，赚取日内波动收益。

6. 适度对冲：由于有新股认购要求，投资者需要加大持仓量，提高认购份额。但持仓过高超过 50% 后的风险加大，加大持仓后可考虑采用其他规避风险的方法防范市场产生下跌风险。比如，投资者可以采用 50 期权沽空权证对冲股票持仓，但所持股票组合也要根据对冲要求进行调整。

（3）制订投资计划

投资者应明确不同的投资任务，在不同的投资任务中扮演不同身份的投资者。

1. 根据投资过程，投资者应该在投资担任计划制定者、交易者、分析者、风险管理者。

2. 计划制订者的任务是根据不同的市场环境及人员调配做出周密的计划安排。

3. 分析者的任务是根据投资标的要求，进行市场行业及个股的分析研究，出具研究报告，选定适合自己的投资方式和投资理念。

4. 交易者的任务是根据制定的投资理念和投资方式选择投资交易个股，在盯盘过程中进行及时的买卖交易操作，在交易操作过程中也要制定想要的交易计划。

即建仓：第一日建仓个股 5 只以上，持仓不超过 30%。

调仓：次日后将根据建仓个股情况进行增减仓调整，结合对市场以及行业的分析进行持仓的提升但不超过 50%。

换股：根据个股的表现，对出现下跌 3% 的个股进行清仓个股换股操作，根据对市场以及行业的分析筛选股票，适当地进行逐渐低吸买入波段操作。

做 T+0 日内交易：通过个股的日内波动，参照 3 分钟 K 线技术分析，交易员把握短线波动机会，进行加仓减仓操作。但投资者的日持仓不能低于 30%。

5. 风险管理者将根据对市场的分析判断和交易过程中的持仓个股综合评判持仓风险程度，及时做出风险调整，通知交易员应对风险管理要求的操作及持仓。

（4）投资风险管理

1. 制订三种风险管控计划：为了避免决策单一的风险管控，投资者可以指定三种不同的风险管控计划，使投资者在管理过程中能够有效平衡各自的投资弊端。

2. 投资条件要素的变动风险：在投资过程中，投资者需要根据投资资金额、投资周期、投资风控要求、其他投资特定因素等方面的变动，重新对投资计划进行修正，需要对持仓进行调整，所以在投资过程中需要准确把控投资条件要求存在变动的风险把控，提前进行持仓调整。

3. 投资风险管理：不管是分析还是交易技术都有可能无法有效控制资产亏损风险，只有通过有效的风险管理控制持股仓位，使其每次失败投资决策有效控制在 3% 左右。

4. 对冲操作风险：对冲策略可以有效控制资产值下跌，但对冲工具失衡或操作失误都有可能使对冲失效，也有可能造成更大的亏损。所以，需要在对冲设计方案中，根据对冲工具的特性及风险因素，进行详细地对冲策略方案设计，投资者需要及时对市场的变化对整个资产的对冲操作进行风险管理。

（5）投资收益预测

根据投资目标要求，每月投资收益在 5% 左右，风险控制管理持仓资产不超过 50%，个股分析筛选的标的有效月度上涨目标至少在 10% 以上，再通过短线交易仓位调整个股转换，其投资收益率有望实现 5% 的目标，在证券市场环境的稳定及强势个股的组合，其投资收益保持持续性增长是实现投资收益预期的基础。

第七章

量化投资目标与策略

量化投资与传统投资相比，就像中医和西医的差异。传统投资更像中医，更多地依靠经验和感觉判断；量化投资更像是西医，依靠模型判断。简单来说，量化投资就是利用计算机技术并采用一定的数学模型去实践投资理念、实现投资策略的过程。

一、詹姆斯·西蒙斯：从数学家到量化投资

在讲解量化投资的概念之前，我想先介绍一位数学大师——詹姆斯·西蒙斯。

1938 年出生于波士顿牛顿镇的詹姆斯·西蒙斯是一个制鞋厂老板的后代。童年时期，詹姆斯·西蒙斯的数学天分就展现无遗，当别的孩子还躲在妈妈怀里听童话故事的时候，詹姆斯·西蒙斯就开始思考数学问题了。

3 岁时，詹姆斯·西蒙斯对于汽车耗尽汽油的现象发生了兴趣：他认为汽油是不会被完全用尽的，因为如果每次用掉油量的一半，还会剩下一半，这样下去，最后肯定有剩余。其实，这个想法同春秋时期庄子提出的“一尺之锤，日取其半，万世不竭”的思想有相似之处，也类似于古希腊学者芝诺提出的一个著名的悖论——阿基里斯悖论，如图 7-1 所示。

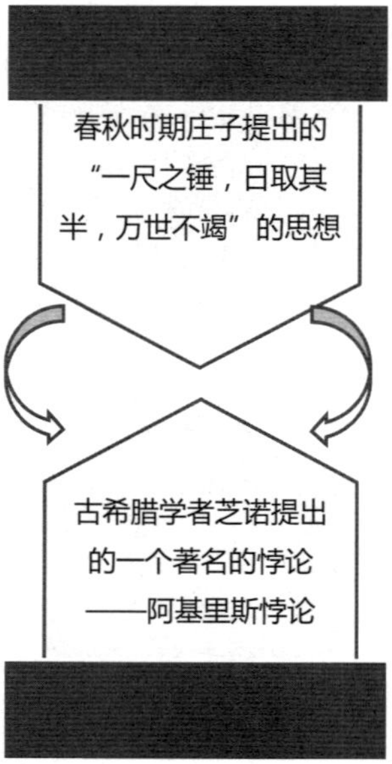

图 7-1　阿基里斯悖论与庄子理论

詹姆斯·西蒙斯的汽油问题、庄子的“一尺之锤，日取其半，万世不竭”思想以及之后的阿基里斯悖论，这些想法体现了原始的微积分思想。

在牛顿高中毕业后的詹姆斯·西蒙斯进入麻省理工学院学习数学。天资聪慧加上后天的刻苦努力，他在大一的时候就达到了毕业生的水平。获得学士学位后，詹姆斯·西蒙斯来到加州大学伯克利分校继续深造。詹姆斯·西蒙斯先后在麻省理工和哈佛大学教授数学，但由于经济和学术等各方面的压力，西蒙斯在 1964 年被迫离开了大学校园。

不久之后，詹姆斯·西蒙斯又回到了学术界，成为纽约州立石溪大学的数学系主任，在那里做了 8 年的纯数学研究。1974 年，他与陈省身联合发表了论文《典型群和几何不变式》，创立了著名的 Chern–Simons 理论。

Chern–Simons 理论对理论物理学具有重要意义，被广泛应用到从超引力到黑洞的各大领域。1976 年，詹姆斯·西蒙斯获得了数学领域里的最高荣耀全美数学科学维布伦奖金。

在数学上获得斐然成就后，詹姆斯·西蒙斯开始寻找新的方向。

1977 年，詹姆斯·西蒙斯离开纽约州立石溪大学，创立了私人投资基金。最初他也采用基本面分析的方式，例如通过分析美联储货币政策和利率走向来判断市场价格走势。1988 年 3 月詹姆斯·西蒙斯成立了大奖章基金，最初主要涉及期货交易。

1989 年，大奖章基金出现了亏损，詹姆斯·西蒙斯不得不在 1989 年 6 月份停止交易。在接下来的 6 个月中，詹姆斯·西蒙斯重新制定了交易策略，并从基本面分析转向数量分析。从此，西蒙斯转型为“模型先生”，这只基金也屡创辉煌。

自 1988 年成立以来，大奖章基金年均回报率达到了 34%，这个数字较索罗斯等投资大师同期的年均回报率要高出 10 个百分点，较同期标准普尔 500 指数的年均回报率则高出 20 多个百分点。

从 2002 年年底至 2005 年年底，规模为 50 亿美元的大奖章基金已经为投资者支付了 60 多亿美元的回报，且这个回报率是在扣除了 5% 的资产管理费和 44% 的投资收益分成以后得出的。

2007 年“华尔街最会赚钱的基金经理”排行榜中，这位 70 岁的数学大师以年收入 13 亿美元的优势位列第五。

其实，詹姆斯 · 西蒙斯成功的方法，就是针对不同市场设计数量化的投资管理模型，以计算机运算为主导，并在全球各种市场上进行短线交易。对于数量分析型对冲基金而言，交易行为更多是在人的主观判断之上，基于计算机对价格走势的分析。

二、量化投资的前世今生

其实，早在 20 世纪 60 年代，就已经出现了量化投资的概念。

1969 年，爱德华 · 索普利用他发明的“科学股票市场系统”，成立了第一个量化投资基金。这一基金当时名为可转换对冲合伙基金，主要从事可转换债券的套利工作。该基金成立后连续 11 年内没有出现年度亏损且持续跑赢标普指数。作为第一个量化投资基金创始人的爱德华 · 索普，被誉为量化投资的鼻祖。

1971 年，美国巴克莱投资管理公司发行了第一只指数基金，标志着量化投资基金的开始，由此，量化投资逐渐成为美国市场一种重要的投资方法。

1973 年美国芝加哥期权交易所成立，以金融衍生品创新和定价为代表的量化投资革命拉开了序幕。

到了 1988 年，数学天才、投资奇才的詹姆斯 · 西蒙斯，成立了大奖章基金，更是利用量化投资从事高频交易和多策略交易。大奖章基金在 1989 年至 2009 年的 20 年间，平均年收益率为 35%，若算上 44% 的收益提成，则该基金实际的年化收益率可高达 60%。詹姆斯 · 西蒙斯也因此被称为“量化对冲之王”，是量化投资的标杆人物。

20 世纪 90 年代量化投资高速发展，1991 年，彼得 · 穆勒发明了 Alpha 系统策略，1992 年，克里夫 · 阿斯内斯发明了价值和动量策略。Alpha 系统策略和价值动量策略使得越来越多的投资者采用量化投资这一交易策略。

1994 年，约翰·梅里威瑟成立了长期资本管理有限公司（LTCM），并创立期权定价模型（OPM），同年获得了诺贝尔经济学奖得主的斯科尔斯和莫顿加入，开始利用量化投资从事相对价值交易，搜寻价格偏离理论均衡水平的证券。

进入 21 世纪的时候，由于数理金融理论以及人工智能的迅速发展给量化投资带来了新的理论和工具。非线性数学的引入为金融科学量化手段和方法论的研究提供了强有力的研究支撑；机器学习方法则帮助投资者在海量数据中寻找到市场波动的特殊模式。

据统计，在 2009 年的时候，美国 30% 以上的投资策略采取量化投资，主动型投资产品中也有 20% ~ 30% 使用了定量的技术。

可见，量化投资策略已经开始被越来越多的投资者所接受和采用。在我国投资市场中，量化投资发展得较为缓慢，主要分为三个时期，如图 7–2 所示。

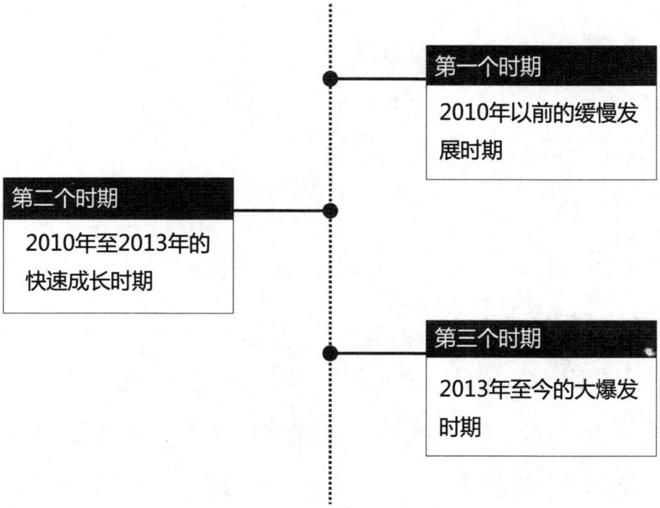

图 7–2　量化投资发展的三个时期

第一个时期：2010 年以前的缓慢发展时期。

在 2010 年以前，我国量化投资处于缓慢发展的阶段，这个阶段量化投资几乎都应用在公募基金中。

第二个时期：2010 年至 2013 年的快速成长时期。

2010 年被称是中国量化投资元年，沪深 300 股指期货的推出、ETF 及分级基金的迅速发展使得各类量化策略得到了进一步的发展和应用，如 Alpha 策略、股指期货套利策略等。

这个阶段，诸多基金研究机构开始投入到量化策略研究的大潮中去，公募、私募基金都发行了大量的量化策略基金。

第三个时期：2013 年至今的大爆发时期。

2013 年，Alpha 策略量化基金在创业板的一轮牛市中获利颇丰。2014 年年底至 2015 年 8 月，A 股经历了牛熊的巨大落差，量化投资产品在这波股灾中赚得盆满钵满，量化投资更是得到了投资者的认可和青睐。

上证 50ETF 期权获准推出以及上证 50 与中证 500 两个股指期货在中金所上市交易，这些都给量化投资提供了更多的对冲工具，也为量化投资带来了更多的交易策略。

三、如同机器交易的量化投资

通过对量化投资发展历程的了解之后，我想你对量化投资还没有具体的概念，关于量化投资的概念，定义如下。

量化投资是指通过数量化方式及计算机程序化发出买卖指令，以获取稳定收益为目的的交易方式。也可以将量化投资这样定义，即量化投资是利用计算机技术并且采用一定的数学模型去实践投资理念，实现投资策略的过程。

可以说，量化投资是一种投资策略，这种策略是通过使用现代统计学方法和数学方法来对各种繁杂的数据来进行分析，在这些数据之中找到对自己有益的内容，然后根据这些内容进行投资决策的确定，最终获得超额收益。

根据上面的定义，可以用三个关键词来概括量化投资，如图 7-3 所示。

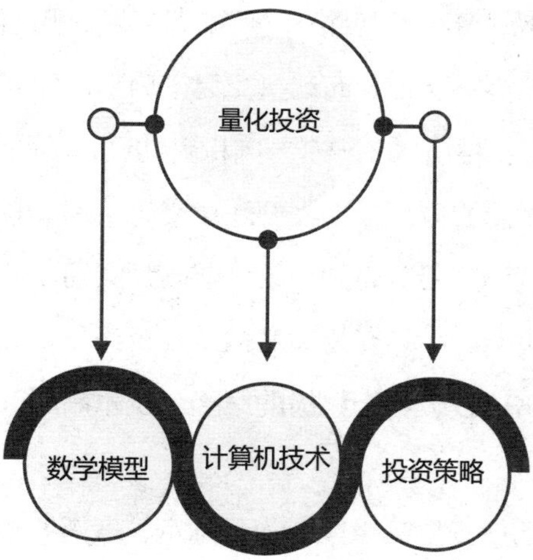

图 7-3 量化投资的三个关键词

数学模型是用某种数学公式或模型；计算机技术是用计算机来进行自动化交易操作；投资策略是实现某种投资策略。

量化交易与传统证券交易机制存在极大的差异，一度有人说，量化交易就是“让机器赚钱，投资者躺着数钱”。

一个量化交易系统包括四个主要部分，如下所述。

1. 策略识别

策略识别包含了搜索策略、挖掘优势、确定交易频率三个基本的内容。

所有量化交易流程都起始于一个初期研究。这个研究流程包括搜索一个胜率差策略、检验它是否适合投资者可能正在运作的策略组合、获取任何测试策略时所需数据、努力优化策略使其收益更高且风险更低。

通过各种公开数据搜索可盈利的策略实际上十分简单，首先，投资者可以关注相关的交易数据和交易期刊。接着投资者可以尝试创建自己的、独一无二的策略，在建立交易策略的过程中，投资者可以寻找相似的方法，然后执行属于自己的优化程序。

一般情况下，投资者所看到的很多策略都可归入均值回归交易策略或动量交易策略两类。

均值回归交易策略试图利用“价格序列”进行判断，即是否存在一个长期均值，价格对均值的短期偏离终将回归。而动量交易策略则试图“搭上市场趋势的顺风车”，利用投资心理和各种信息在一个方向积聚动量，跟随趋势直至回归。

动量交易还有一个重要方面，即需要注意交易策略的频率，常见的交易策略频率大致分为三类：低频交易、高频交易、超高频交易。低频交易通常指持有资产超过一个交易日的策略。高频交易通常指持有资产一个交易日的策略。超高频交易指持有资产的时常达秒级与毫秒级的策略。技术高超的投资者可以同时进行高频交易与超高频交易。

回归交易策略或动量交易策略集合一旦确定，就需要投资者在历史数据上测试其盈利能力，这就进入了回溯测试的工作范围。

2. 回溯测试

回溯测试包含了获取数据、分析策略性能、剔除偏差三部分。

策略一旦确定，我们就需要获取历史数据，并借此展开测试，如有可能还可改进策略。回溯测试的目标是提供证据，以证明通过以上流程所确定的策略无论是应用于历史数据还是测试数据均可盈利。它可以反映该策略未来在“真实世界”中的预期表现。

由于种种原因，回溯测试不能保证一定成功。这或许就是量化交易最为微妙之处，由于它包含了大量的偏差，必须仔细审查并剔除差异。

几种常见的偏差类型，包括先窥偏差、幸存者偏差与优化偏差。回溯测试中其他几个重要方面，包括历史数据的可用性与清洁度、真实交易成本及可靠回测平台上的决定。

经过回溯测试，下一步就是要搭建一个交割系统。

3. 交割系统

交割系统是一个方法集合，由它来控制交易策略生成的交易列表的发送和经纪商的交割行为。

交割系统包含了图 7-4 中的三个步骤。

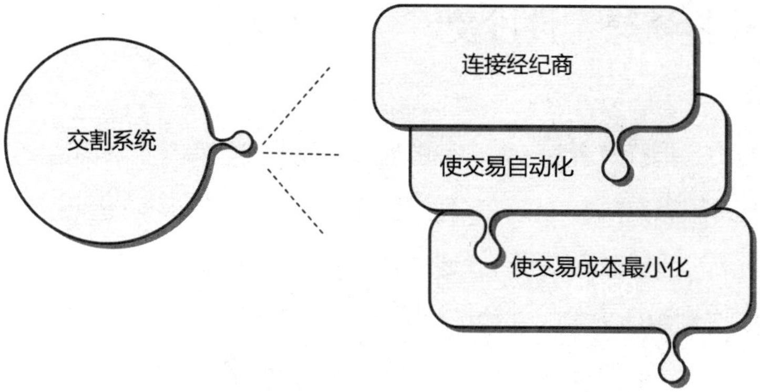

图 7-4　交割系统的三个步骤

交割系统的主要问题关系到策略的实时性能与回测性能的差异，这是因为交割系统和交易策略本身均可能存在程序错误，回溯测试时没有显现却在实时交易时显现出来。市场可能受到交易策略部署后投资环境变化的影响，宏观经济形势的变化、新的监管环境、投资者的情绪均可能导致现实市场表现与回溯测试表现产生差异，从而造成策略盈利性上的分歧。

4. 风险管理

量化交易的最后一步是风险管理程序。

风险覆盖了几乎所有可能干扰到交易实现的因素，其来源各不相同，包含技术风险、经济风险等。

风险管理包括投资组合理论的一个分支，即所谓的“最优资本配置”，涉及如何将资本分配给一组策略、如何将资本分配给策略内不同交易的方法。这是一个复杂的领域，依赖于一些高级数学知识，在此不进行详细分析。

风险管理的另外一个关键成分涉及投资者自身心理因素的处理，除了投资贪婪与恐惧等情绪之外，在交易时稍不留神仍然可能会掺入许多认知偏差。

一个常见的偏差是厌恶规避，即当投资者发现损失已成定局，其内心痛苦，可能会麻痹他接下来的行为，不能做到及时抛盘止损。

另外一个常见的偏差是所谓的近期偏好偏差，即投资者太看重近期事件而非长远事件。这两种偏差常导致杠杆不足或杠杆过度，造成爆仓或盈利缩水的局面。

四、量化投资与定性投资

定量投资是指投资者基于对市场的理解，提炼出能够产生长期稳定超额收益的投资思想，并用历史数据验证其思想的正确性，再由系统根据提炼出的投资思想，在全市场挑选符合标准的股票，并通过对收益、风险的优化，建构最优股票组合。

定量投资利用历史数据来验证投资思想在不同经济周期、市场环境下的适用性，真正做到了“大胆假设，小心求证”，确保了超额收益的稳定性和可持续性。

除此之外，定量投资可以借助系统强大的信息处理能力，可以在全市场 360 度寻找投资机会，获取超额收益。具有更大的投资宽度。利用现代计算机系统，可以高效地、准确地处理海量数据信息。

定性投资是投资者以深入的基本面分析研究为核心基础，辅以对上市公司的调研，做出的投资决策。

定量投资和定性投资并不矛盾，二者的本质是相同的，都是基于市场非有效或者是弱有效的理论基础产生的。但定量投资与定性投资又有区别，其最鲜明的差异就在于定量投资模型。

定量投资者在投资运作之前，会先用定量投资的模型对整个市场进行一次全面的检查和扫描，然后根据检查和扫描结果做出投资决策，如图 7-5 所示。

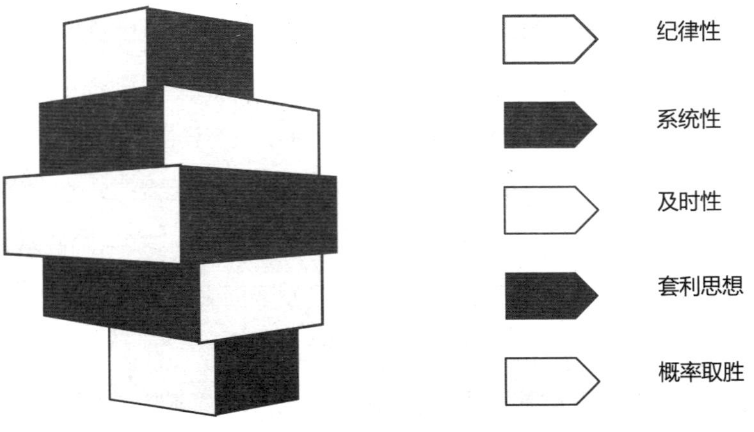

图 7-5 量化投资

量化投资等同于定量投资，与定性投资相比较，得到量化投资的以下五个特点。

1. 纪律性

量化投资的系统性特征包括多层次的量化模型、多角度的观察以及海量的数据处理。纪律性首先表现在依靠模型和相信模型，投资者在每一天决策之前，首先要运行模型，根据模型的运行结果进行决策，而不是凭感觉。

或许会有些投资者产生疑问，比如所建立的模型是否会出错？不可否认，模型可能出错，但是在大数据之下，投资者所建立的模型在大概率下是不会出错的。

也就是说，投资者所有的决策都是依据模型做出的，比如，投资者可以根据大类资产配置决定股票和债券投资比例；按照行业配置模型确定超配或低配的行业；依靠股票模型挑选股票。

在此以依靠股票模型选股票为例进行分析，使用量化投资进行选股票，可以让投资者的每一个决策都有理有据。投资者购买某只股票的原因很多，可以通过某只股票与其他股票相比在成长面、估值、动量、技术指标方面的量化分析基础上进行筛选。这样得出的评价非常全面，只有汇总得分高才有说服力。

综合来说，纪律性的一个好处是可以克服人性的弱点，如贪婪、恐惧、侥幸心理，以及克服认知偏差，让投资者严格执行投资策略，而不是随情绪的变化而随意改变。

强调纪律性的另外一个好处是可跟踪，定量投资作为一种定性思想的理性应用，客观地在组合中去体现这样的组合思想。

2. 系统性

量化投资的系统性主要表现为“三多”，首先表现在多层次，包括在大类资产配置、行业选择、精选个股三个层次上建立模型；其次是多角度，定量投资的核心投资思想包括宏观周期、市场结构、估值、成长、盈利质量、分析师盈利预测、市场情绪等多个角度；最后是多数据，就是海量数据的处理。

人脑处理信息的能力是有限的，当一个资本市场只有 100 只股票，这对定性投资基金经理是有优势的，他可以深刻分析这 100 家公司。但在一个很大的资本市场，比如有成千上万只股票的时候，强大的定量投资信息处理能力能反映它的优势，能捕捉更多的投资机会，拓展更大的投资机会。

3. 及时性

量化投资能够及时快速地跟踪市场变化，不断发现能够提供超额收益的新的统计模型，寻找新的交易机会。

比如投资者在利用量化投资进行交易的时候，一旦模型中的数据出现了相关错误，即便市场是利好的环境，投资者也应该及时停止交易，重新审视当下的操作模型。

4. 套利思想

与定性投资者不同，定量投资者大部分精力花在分析哪里是估值洼地，哪一个品种被低估。量化投资买入低估的股票，卖出高估的股票，投资者可以通过全面、系统性的扫描捕捉错误定价、错误估值带来的机会。

投资者可以根据制定的量化策略，用计算机机器帮助自己，通过严格执行投资策略进行买入与卖出，不随着情绪的变化而随意更改。

5. 概率取胜

量化投资策略，从本质上讲是寻找较大概率获胜的机会，那么，量化投资必然会观察市场的规律，试图寻找各个因素与未来股票收益之间的关系，并寻找较为成功，即大概率成功的规律。

要从大概率上获取较好的收益，量化投资模型需要着重考虑对资产未来收益看法的估计与辨别，主要包括对个股的看法、行业的看法等。

在确定投资品种之后，量化投资策略需要考虑具体的交易策略和风险控制策略等方面，有较好的交易策略才能最大限度上降低交易成本，比如佣金、税费以及冲击成本等，而通常交易成本对业绩的表现也有重要的影响。

交易策略主要解决的问题是冲击成本的问题，假设一只基金购买某只股票的成本是 5% 即便对资产对未来收益看法的预测模型很好，而收益率却达不到这个水平，那么这个投资策略就是不可行的。

所以，量化投资需要综合考虑资产的鉴别，比如个股选择、行业配置以及资产配置等，还要综合考虑交易风险，比如风险收益之间的平衡性等因素，不断地从历史中挖掘重复的历史规律，并加以利用，寻找成功概率最大的投资组合，准确客观评价交易机会，克服主观情绪偏差，从而盈利。

从量化投资的五个特点中，能够总结出量化投资的四个优势，如图 7–6 所示。

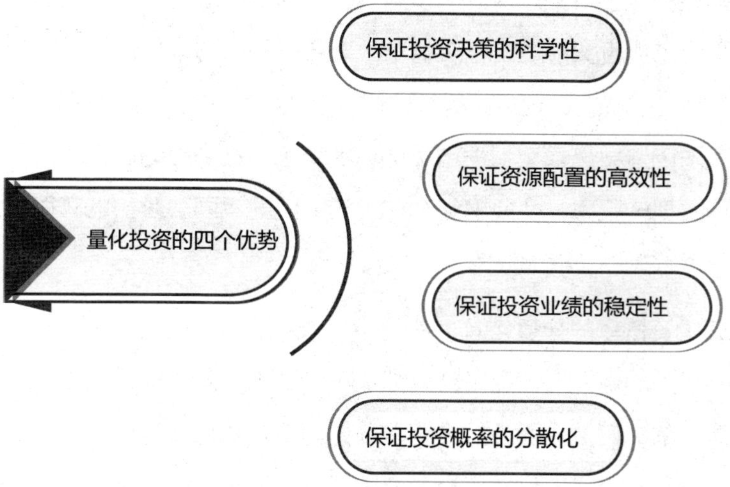

图 7–6　量化投资的四个优势

1. 保证投资决策的科学性

投资市场中的投资者普遍存在非理性的投资行为，导致市场信心及市场信号的变化，常常引起市场的过度反应或反应不足。

量化投资通过科学理性的统计研究和实证分析，使投资决策行为中由于人类共性偏差、人为失误、非理性主观因素等原因产生的投资风险得到最大限度地降低，在充分考虑风险收益配比的原则下构建符合投资目标的有效投资组合，从而有效保证了投资决策的客观性、严谨性和科学性。

2. 保证资源配置的高效性

量化模型能快速分析处理大量统计数据及信息，通过科学的实证研究有效降低非有效信息的干扰，从而发现股票价值增长的关键因素。

量化投资在保证投资决策客观科学性的同时，结合投资者的主观能动性对基金资产进行灵活配置和动态优化。量化模型将投资者从繁杂的数据处理和盈利预测中解脱出来，使投资团队着重关注数据以外的有效信息，并对量化模型形成有效补充，从而提高投资研究效率，实现投资研究资源最优配置。

3. 保证投资业绩的稳定性

量化模型的科学可控性决定了以量化投资为核心的投资技术能否长期保持投资策略，决定了能否保持投资程序的一致性和长期可持续性。科学的量化模型能够保证投资表现的持续稳定性，能够实现基金资产的风险收益最佳配比。

同时，多因素数量模型根据市场环境的变化，在多重动态优化过程中兼顾各种不同风格类型的股票，使投资组合在市场周期的不同阶段均能获得较为稳定的收益，为投资者提供长期稳健的超额投资回报。

4. 保证投资概率的分散化

在控制风险的条件下，量化投资可以充当分散化投资的工具。

量化投资依靠筛选出股票组合来取胜，而不是依靠一只或几只股票取胜，从投资组合的理念来看，依靠构建投资有效组合有助于对冲市场风险，正如巴菲特所说的不要把鸡蛋放在同一个篮子里，量化投资在这一方面可谓是鹤立鸡群。

五、量化投资在投资中的选股应用

量化投资在证券投资中最常应用的方面是选股，量化选股就是用量化的方法选择确定的投资组合，利用量化方式选出的投资组合可以为投资者获得超越大盘的投资收益。

常用的选股方法有多因子选股、行业轮动选股、风格轮动选股、资金流选股、动量反转选股、趋势跟踪策略选股等，本节重点介绍多因子选股以及行业轮动选股，简单介绍风格轮动选股、资金流选股、动量反转选股、趋势跟踪策略选股。

多因子选股

多因子选股模型是目前主流的量化选股方法。多因子模型以 ATP 定价模型为基础，通过寻找各类能获取超额收益的 Alpha 因子，并将多个因子组成具有一定投资逻辑或统计学意义的多因子模型，以此选出股票投资组合。简单来说，多因子选股就是采用一系列的因子作为选股标准，满足这些因子的股票则买入，不满足的则卖出。

这里，详细介绍多因子模型选股的方法和流程。

举一个简单的例子：如果运动选手们参加长跑比赛，若想要提前知道哪些运动选手会跑到平均成绩之上，可以在比赛之前让这些运动选手做一些测试，并记录每一个运动选手每一次跑步测试的数据，将这些数据进行平均，超越平均成绩较多的运动选手可视为实际参赛成绩更加理想的运动选手。

多因子模型的原理与此类似，投资者可以寻找那些与企业收益率最相关的因子。

各种多因子模型的核心区别有两点：因子的选取；如何用多因子综合得到一个最终的判断。一般而言，多因子选股模型有以下两种判断方法，如图 7-7 所示。

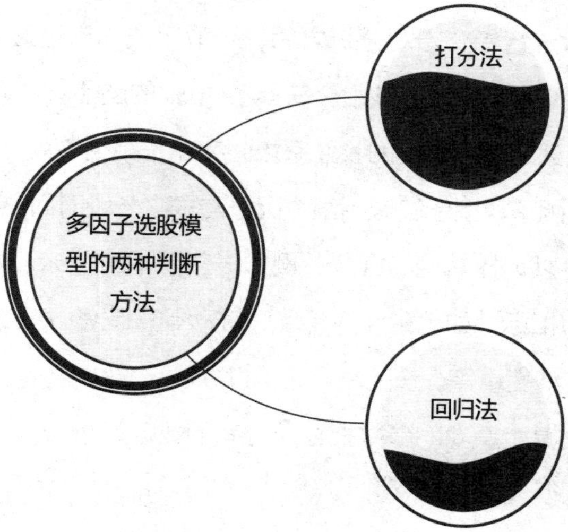

图 7-7　多因子选股判断方法

打分法即投资者根据各个因子的大小对股票进行打分，然后按照一定的权重加权得到一个总分，根据总分再对股票进行筛选。

回归法即投资者用股票过去的收益率对多因子进行回归，得到一个回归方程，再把最新的因子值代入回归方程，得到一个对未来股票收益的预判，最后以此为依据进行选股。

多因子选股模型的建立过程主要分为表 7–1 中的五个步骤。

表 7–1　多因子选股模型的建立步骤

第一个步骤	候选因子的选取
第二个步骤	检验选股因子的有效性
第三个步骤	剔除有效但冗余的因子
第四个步骤	建立综合评分模型
第五个步骤	模型的评价及持续改进

根据表 7–1 中的内容，这里进行详细分析。

第一个步骤：候选因子的选取

投资者可以结合自己的经济逻辑和市场经验，选择相关候选因子，更多更有效的因子能够增强模型信息捕获能力，有利于提高收益。

例如：投资者进行相关宏观分析之后，选取了流通市值最大的 50 只股票，构建投资组合，持有半年之后，该组合获得了 10% 的超额收益率。这就说明了在这半年时间内，流通市值与最终的收益率之间存在正相关关系。

也就是说，多因子模型能够说明某个因子与未来一段时间收益率之间的关系。同样的，投资者可以选择其他的因子，例如一些基本面指标，如 PB、PE、增长率等；一些技术面指标，如动量、换手率、被动等；或者一些其他指标，如预期收益增长、宏观经济变量等。

持有时间段也是个重要的参数指标，持有的数据是十天、一个月、半年，对最终的收益率影响很大。

第二个步骤：检验选股因子的有效性

投资者可以采用排序的方法检验候选因子的选股有效性。例如，每月检验。具体而言，对于投资者选取的任意一个候选因子，在模型形成初期的第一个月，投资者可以开始计算市场中每只正常交易股票的该因子大小，按从小到大的顺序对样本股票进行排序，并平均分为 n 个组合，持有到月末。下一个月，按同样的方法重新构建 n 个组合并持有到月末，每月如此，一直重复到模型形成期末。

除了每隔一个月进行检查之外，投资者也可以隔多个月检验，比如 2 个月、3 个月，甚至更长时间。选取候选因子的时候，投资者还要注意候选组合的数量，选择 30 只股票还是 50 只股票，都是非常重要的参考因子。

第三个步骤：剔除有效但冗余的因子

由于不同的选股因子内在的驱动因素大致相同，导致所选出的组合在个股构成和收益等方面具有较高的一致性，因此其中的一些因子需要作为冗余因子剔除，只保留同类因子中收益最好、区分度最高的因子。

例如成交量指标和流通量指标之间具有比较明显的相关性，流通量越大，成交量往往也会比较大。因此在选股模型中，这两个因子只选择其中一个。

剔除冗余因子的具体方法分为四个流程：

流程一：先对不同因子下的多个组合进行打分，分值与该组合在整个模型形成期的收益相关，收益越大，分值越高。

流程二：按月计算个股不同因子的得分相关性矩阵。

流程三：计算整个样本期内相关性矩阵的平均值。

流程四：设定得分相关性阈值，将得分相关性的平均值矩阵中大于该阈值的元素，与其所对应的因子作为冗余因子剔除，将与其他因子相关性小且有效性更强的因子保留。

第四个步骤：建立综合评分模型

综合评分模型剔除冗余后的有效因子，从模型运行期的某个时间起，计算市场中正常交易的个股每个因子的最新得分，并按照所定的权重求得所有因子的平均分。

投资者根据模型所得出的综合平均分对股票进行排序，并选择排名靠前的股票。

比如投资者可以选取得分最高的前 20% 股票，或者选取得分最高的 30 只到 50 只股票等。

在月初的时候，投资者可以对选取的 30 只或 50 只股票用 PE、PB、增长率等因子进行打分，将得分最高的 10 只到 20 只股票作为投资组合，在下个月按照同样的方法进行轮换替换。

持续一段时间后，考察该投资组合的收益是否跑赢比较基准，这就是综合评分模型的建立和后验过程。

第五个步骤：模型的评价及持续改进

因为量化选股的方法建立在市场无效或弱有效的前提之下，所以，随着使用多因子选股模型的投资者数量的不断增加，部分因子会逐渐失效，而另一些新的因素可能被验证有效，并且加入模型当中。

与此同时，一些因子可能在过去的市场环境下比较有效，而随着市场风格的改变，这些因子可能短期内失效，而另外一些以前无效的因子会在当前市场环境下表现较好。

另外，计算综合评分的过程中，各因子得分的权重设计、交易成本考虑和风险控制等都存在改进的空间。因此，在综合评分选股模型的使用过程中，会对选用的因子、模型本身做持续的再评价和不断的改进以适应变化的市场环境。

综合来说，多因子的模型最重要的是图 7–8 中两个方面。

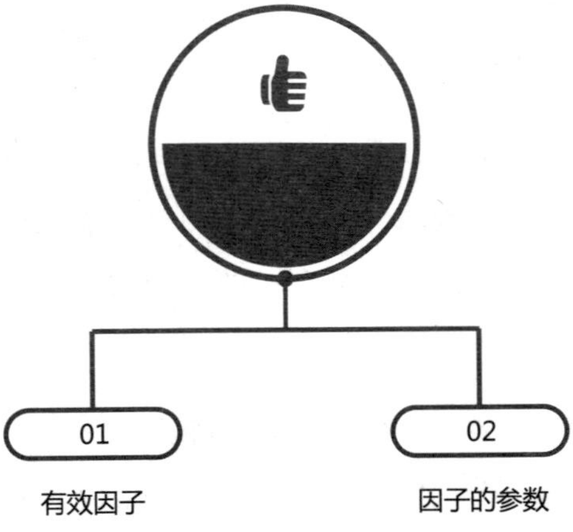

图 7–8 多因子模型的两个重要方面

投资者到底采用何种有效因子、采用怎样的调仓周期作为因子的参数，都需要提前设定，因为这些因子和参数的获取只能通过历史数据目测获得，而在目测过程中，投资者最好不要过度优化，否则结果可能反而会不好。

行业轮动量化选股

行业轮动是一种市场短期趋势的表现形式，即在一个完整的经济周期中，有些是先导行业，有些是跟随行业，先导行业和跟随行业往往遵循了先后配合的时间顺序，例如先导行业指对钢铁、水泥、机械等基础设施的投资，而跟随行业则指房地产、消费、文化等行业，这些都是基础设施投资之后所带来的发展。

行业轮动量化选股的本质是研究在一个经济周期中的行业轮动顺序，从而在轮动开始前进行配置，在轮动结束后调整，以获取超额收益。

行业轮动量化选股可以分为图 7-9 中的四个步骤。

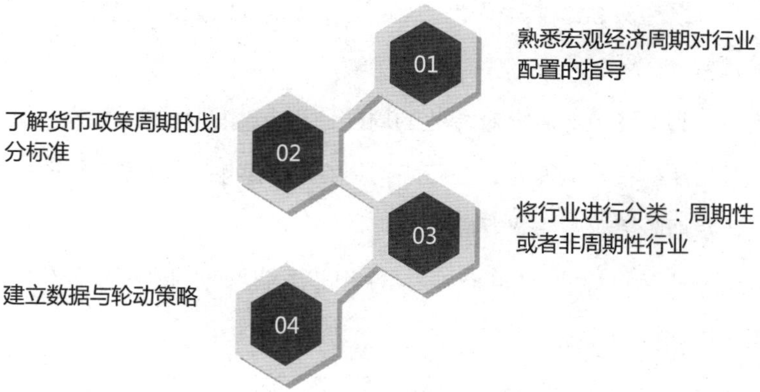

图 7-9　行业轮动量化选股的四个步骤

第一个步骤：熟悉宏观经济周期对行业配置的指导

行业配置是投资管理中的一个重要的环节，熟悉宏观经济周期是投资策略中的重要组成部分。因为资产价格受到内在价值的影响，内在价值随着宏观经济因素的变化而波动，所以，宏观经济周期对行业配置具有指导作用，投资者需要关注宏观经济周期下周期性行业和非周期性行业的具体市场表现状况。

行业收益差在扩张性政策和紧缩性政策下具有显著的差异。一般情况下，周期性行业在扩张性货币政策时期表现较好，而非周期性行业在紧缩环境下表现较好。

在机构投资者的交易当中，基于行业层面是行业轮动最为获利的盈利模式，进行周期性和防御性的轮动配置是投资者最普遍采用的策略。

第二个步骤：了解货币政策周期的划分标准

以货币供应量的变化判断货币政策周期，M2（即广义的货币，反映现实和潜在购买力）反映社会总需求的变化和未来通货膨胀压力，M2 同比增速则可以反映流通中的货币供应量变化，即货币政策效果的实际反应。因此，可以用 M2 来判断货币政策或者货币供应处于扩张还是紧缩的周期。

第三个步骤：将行业进行分类：周期性或者非周期性行业

对行业划分为周期性行业和非周期性行业，投资者可以选取沪深 300 作为行业指数，并且以沪深 300 指数作为市场组合，利用 CAPM 模型计算行业的 Beta 值和均值方差。

投资者可以用 Beta 值来对行业的周期性和非周期性进行区分，但是，单纯的 Beta 指标存在着一些偏差，投资者可以结合周期性行业和非周期性行业的市场特点以及发展阶段进行深入判断。

深入判断之后，投资者能够对周期性和非周期行业的进一步划分，构建周期性行业和非周期性行业的轮动策略。

第四个步骤：建立数据与轮动策略

建立数据与轮动策略的时候，投资者应该注意信息是否同步，需要考虑 M2 的披露时间以及信息的传导时间，随后可以寻找投资组合的构建策略，比如在货币政策处于扩张时等权重配置周期性行业，在货币政策处于紧缩时等权配置非周期性行业。

投资者通过对周期性行业和非周期性行业在不同阶段收益的比较，判断投资周期性行业还是非周期性行业，紧缩阶段中如果周期性行业组合好于非周期性行业组合，投资者可以选择紧缩阶段中的周期性行业组合；紧缩阶段中如果非周期性行业组合好于周期性行业组合，投资者可以选择紧缩阶段中的非周期性行业组合；扩展阶段中如果周期性行业组合好于非周期性行业组合，投资者可以选择紧缩阶段中的周期性行业组合；扩展阶段中如果非周期性行业组合好于周期性行业组合，投资者可以选择紧缩阶段中的非周期性行业组合。

风格轮动选股

风格轮动选股是利用市场风格特征进行投资，市场在某个时刻偏好大盘股，某个时刻偏好小盘股，如果发现市场切换偏好的规律，并在风格转换的初期介入，就可能获得较大的收益。

资金流选股

资金流选股是利用资金的流向来判断股票走势。

巴菲特说过，股市短期看是投票机，长期看是称重机。短期投资者的交易，就是一种投票行为，而所谓的票，就是资金。如果资金流入，股票会上涨，如果资金流出，股票会下跌，所以根据资金流向就可以构建相应的投资策略。

动量反转选股

动量反转选股是利用投资者投资行为特点构建投资组合。

动量效应就是前一段强势的股票在未来一段时间继续保持强势的状态。正反馈到达无法持续的阶段时，价格会崩溃回归，在这样的环境下就会出现反转特征，也就是说前一段时间弱势的股票，未来一段时间会变强。

趋势跟踪策略选股

趋势跟踪策略是技术型交易策略的一种，当股价在出现上涨趋势的时候进行买入，而在出现下降趋势的时候进行卖出。趋势跟踪策略本质上是一种追涨杀跌的策略，很多市场由于羊群效用存在较多的趋势，如果可以控制好亏损时的额度，坚持住对趋势的捕捉，长期下来可以获得额外收益。

六、量化投资在市场中的量化目标

投资者进行量化投资目标时，可以参照交易策略的收益率、期望收益与风险度，以此预判模型未来的收益表现。

市场具有非有效性，有行为金融学家指出，市场定价是每只股票未来预期现金流的折现，如果未来预期现金流预测确定，那么今天的价格和明天的价格差别不大。但是，从行为金融学角度来看，市场情绪会左右投资者对股票价格的判断。

在一个以专业投资者为主的成熟市场，投资者通过专业的方法设定投资目标，使得股价形成一致性预期，而这个投资目标也会让投资者顺利地实施投资计划。

然而，市场中存在着大量的非专业投资者，他们有很多非理性行为。非专业投资者大多不会将投资目标量化，而是将投资目标设置得非常宏观。宏观的投资计划难以顺利和有效地实施，这也导致非专业投资者常常面临亏损的境地。

因此，对于市场中的普通投资者来说，为了投资计划顺利实施，并排除非理性和主观情绪干扰，量化投资目标是一个理性的选择。

举一个简单的例子，投资者 A 要进行一次投资，并根据其所拥有的资金额度，设定了投资目标，将投资目标进行量化。

假设投资者 A 拥有投资资金 500000 元，将这 500000 元分别投入不同的投资市场中，其中股市占 220000 元，基金占 130000 元，外汇占 150000 元。

投资者 A 将投资股市的 220000 元进行量化，计划在 22 个月中，固定投资某只股票，且每个月投资 10000 元。

在投资期间，股市发生了剧烈的波动，导致股价出现了变化，虽然股市大部分股票下跌几乎超过 50%，但是投资者 A 根据测算得到结果，判断自己砸 22 个月之后收益率仍旧能够达到 13.35%，于是他按照投资计划继续投资。那么，股市的暂时波动，并未过多影响到投资者 A 的投资。

通过上述案例，能够看出量化投资目标的两个优点：

（1）量化投资目标会客观评价交易机会，克服了主观情绪的偏差，通过全面、系统性的投资计划寻找和捕捉投资机会。

（2）量化投资目标会分散投资风险，在执行投资操作的时候，交易量往往被进一步拆分，从而降低了市场的冲击。

量化投资目标对于投资者来说，如同为投资决策注入了流动性，投资者将持有的资金进行分散投资，让资金流入到不同的投资领域，从而能够提高资金的使用效率，这是确立投资目标的最优选择。

当然，投资者在实施量化投资目标时应注重风险。例如投资股市，投资者在实行量化投资目标时，不仅应该注重股市上涨潜力，还要注重股市下跌的风险。

举一个简单的例子，当投资者实施投资目标的时候，在 A 处（如图 7-10 所示）投资者已经完成了自己的投资目标，此时应减仓或者清仓，但是，投资者看到股市依然在上涨，就继续持有股票，甚至临时起意继续加仓。

图 7-10　荣安地产日 K 线图

投资者往往看不见股市中即将到来的风险，继续持仓直至股市到达 B 处，风险开始降临。

投资者为了达到预期收益，往往选择性忽略股市的风险，盲目乐观地期待股市继续上涨。例如，如图 7–11 所示，在 A 处位置，投资者已经完成了自己的投资目标，即在 A 处获得了超出投资目标中设定的收益，此时应减仓或者清仓，但是，非理性情绪中的贪婪击败了投资者的理性情绪，从而使得投资者做出非理性的行为，没有实施量化投资目标，在 A 处获利之后没有减仓或者清仓，而是继续持有，等待股市的走势再次上涨。

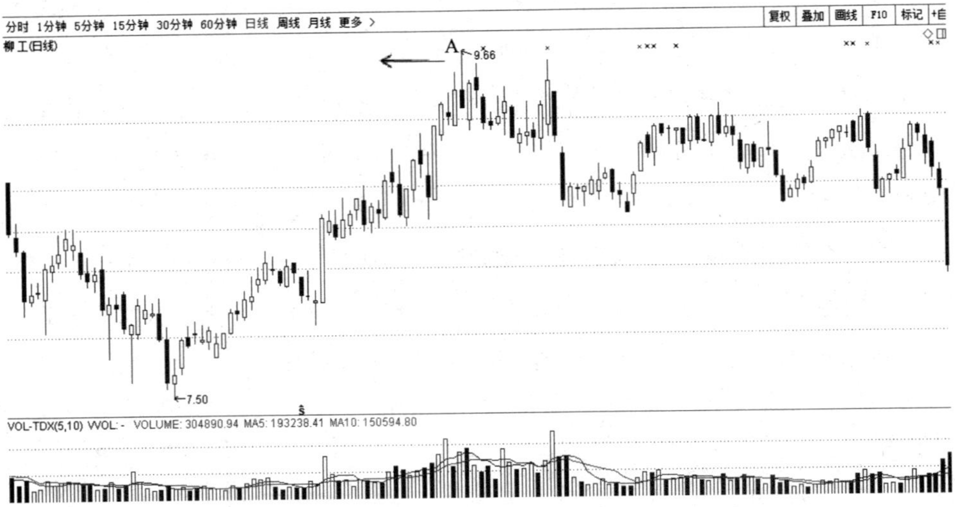

图 7–11　柳工日 K 线图

但是，由 7–11 柳工日 K 线图能够看出，股市的走势到达高点 A 处之后，股市的走势从最低点 7.50 元开始上涨走势，在到达高点 A 处之后，出现了短时间的僵持后，即开始了震荡、下跌的走势。

综上，能够总结出投资者在市场中进行量化投资的量化目标应用，应遵循图 7–12 中的三个原则。

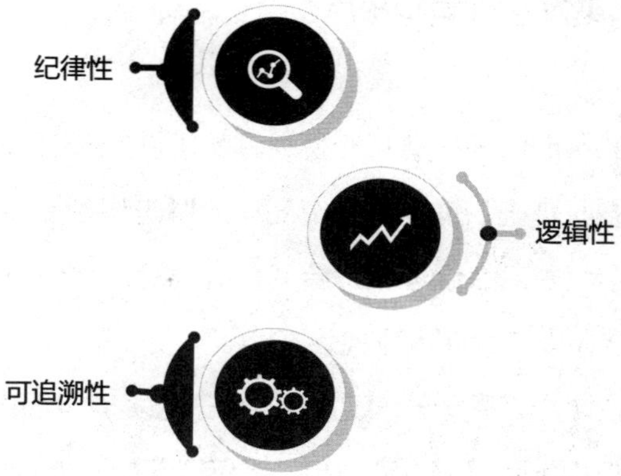

图 7-12　投资者进行量化投资应遵循的三个原则

1. 纪律性

为什么大多数投资者会失败？是因为人性普遍存在贪婪、恐惧、侥幸等弱点。

量化投资目标中的纪律性是根据经过历史验证的模型进行分析和交易，严格根据程序发出的买卖信号来执行，从而规避了主观判断带来的错误判断，不会出现主观交易中经常出现的人性弱点。

2. 逻辑性

不同的投资者往往存在不同的认知偏差，认知偏差的表现为投资者只注意到好的方面而刻意避开不好的一面；记住赢钱的经历，而忘记亏钱的经历。投资者每次交易时带着认知偏差性来判断买入点位和卖出点位，自然容易影响到交易的结果。

量化投资目标中的逻辑性，就是注重数理分析与逻辑推导，不依靠经验主义和主观判断形成交易目标。

3. 可追溯性

遵循纪律性和逻辑性之后，投资者还要遵循可追溯性，并把曾经每一笔交易的盈亏用概率来衡量，建立一个可追溯的数据模型。

七、量化投资弥补人性的弱点

众所周知，巴菲特所重视的量化投资，其特点就在于其投资过程是以深入的基本面分析研究为核心基础，辅以对上市公司的调研和管理层的交流及各类研究报告。其组合决策过程是基金经理在综合了所有信息后，依赖主观判断及直觉来精选个股，构建组合，以产生超额收益。

巴菲特是投资领域众人景仰的“股神”，他已连续32年保持战胜市场的纪录，在过去20年当中，平均年回报率达到20%。不仅巴菲特的投资理念常被人们谈及，甚至连巴菲特的逸事也常被人津津乐道。比如，他总在别人贪婪时恐惧，别人恐惧时贪婪；他购买股票的基础是假设次日关闭股市或在五年之内不再重新开放。

从巴菲特的投资趣闻当中，我们能够看出在量化投资过程中投资者不容易避开环境对于情绪的影响。其中，人性的弱点往往是投资失败的原因，这一点在上文已经提到，在此将投资中的心理弱点分为以下几点，如图7-13所示。

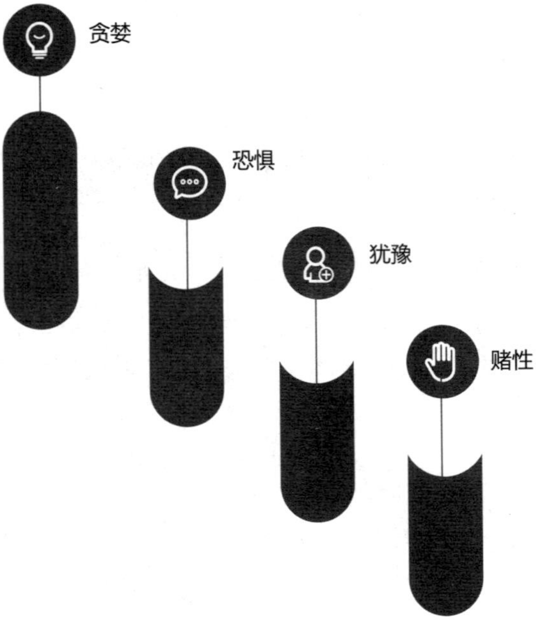

图 7-13　心理弱点

1. 贪婪

股票的价格是由投资者的市场预期来决定的，而投资者的市场预期可以是理性的也可以是非理性的。人在投资市场时显现出的非理性，正是股票波动暴涨或暴跌的根本原因。

投资者可能十分熟悉华尔街的一句名言：“市场是由两种力量驱动的：贪婪和恐惧。”也就是说，贪婪与恐惧是每一个投资者的本性。在投资过程中，投资者的获利心理是永无止境的，投资者对利益的贪婪是永无止境的。同样，投资者面对风险时，希望风险降到最低，最后使得投资者害怕风险到了恐惧的地步。

在实际的操作过程中，投资者基本上都抱有一些与事实根本不同的幻想和希望，当有亏损的情况发生时，不愿意马上止损，反而在亏损的时候选择加仓，要不然就是在盈利的时候继续等待更大的盈利时机从而错过止盈的最好时机。

2. 恐惧

正如上文所述，贪婪与恐惧是每一个投资者的本性，在实际操作过程中，因为害怕失去收获的那一点点利润，投资者往往会提前平仓，最终错过更大的盈利时机。

3. 犹豫

我们经常在交易场所中听到这样的话“我要是当时都清仓就好了”“我要是当时及时建仓该多好”，可见，很多投资者经常是已经发现了市场价格的异常波动，也作出了对即将到来走势的正确判断，却往往输在犹豫不定上面。

具有这种犹豫性心理时，投资者原本制订了计划，考虑好了投资策略，但步入投资市场后，却受外界环境的影响，导致市场中一旦出现一些利空的消息，就难以继续实施自己的投资方案。

有时候投资者明明看到很好的前景，可是不敢坚持己见，心里总是盘算只要价格低过某个价位就买，以免判断失误。结果，市场发力上攻，投资者有心想追市场上已无合适价位。

有时候投资者看到价格下跌，已经意识到走势不妙，但总是心存幻想希望股价反弹，认为只要走势过了某价位一定抛。结果走势急速下跌，投资者再有心抛出却已是亏损严重。

这种犹豫不决的心态是市场上常见的“羊群效应”。要知道，总是等待更好的时机，往往会错过最好的时机。

4. 赌性

具有赌博心理的投资者，总是希望一朝发迹，恨不得捉住一次机会，好让自己一本万利，他们一旦在投资中获利，多半会被胜利冲昏头脑，像赌棍一样频频跟进加仓，恨不得把自己的全部资金都押到金融市场上去，直到输个精光为止。当市场失利时，他们常常不惜背水一战，把资金全部投在这个市场上，大多数情况下也是亏损。

可见，赌是人性中最大的缺点，只想看到盈利的情况，不愿意看见亏损，导致最后自己已经失去了辨别止损时间的能力。

贪婪、恐惧、犹豫以及赌性，是定性投资者容易出现的心理，这些心理会直接影响投资决策。

量化投资更好地弥补了主观投资时人性的弱点，系统化的组合构建能够最小化人的情绪对组合的影响，更客观地体现投资者的投资思想，避开人的主观情绪，能够使投资变成理性投资，使人力成本减少，交易中带来的风险减少，投资收益变得更大。

八、秉持价值投资理念做量化

投资者使用量化投资模型时，可以遵循价值投资的规律，不买特别贵的股票，但需要秉持企业基本面要跟市值相匹配的理念，有基本面的支撑，有更好的盈利、更强的现金流才能够更好地进行投资，比如投资者统计 3 年内所有 A 股上市公司发布的业绩预增公告，以及一个月内股价相对大盘的强弱，寻找有较大概率且强于大盘的业绩预增的企业股票。

从另一个角度来说，量化策略本身就是一个信息处理的方法，它处理的信息既可以是整个市场里交易的信息，包括上市企业发布的公告，又可以是研究员调研获得的基本面信息。

因为价值投资本身决策的主要依据就是投资者实地调研得到的信息，所以，量化投资和基本面研究、价值投资是不矛盾的。这里，介绍一个案例。

招商银行的股票于 2017 年 9 月 27 日上涨了 49.24%，很多投资者把它当作价值投资的典范，但是投资者若在 10 年前的 2007 年 1 月 1 日以收盘价买入，按照分红再投计算，10 年总收益率是 30.18%，年化收益率只有 2.67%，基本上和银行定期存款利息相似。

从总收益率和年化收益率的数值来看，两者都比较低，如果投资者可以回到 2007 年重新选择，会如何选择呢？

经过回算，如果投资者于 2007 年 9 月 27 日，在中国银行、兴业银行、浦发银行、华夏银行等 12 家银行中，买入了南京银行，到 2017 年 9 月 27 日，10 年的总收益率是 85.13%，年化收益率是 6.35%。南京银行的收益率显然比招商银行的收益率更高。

若是投资者用量化投资这一策略，结果会发生不小的变化。但这是一种假设，因为投资者无法回到 2007 年。

投资者尝试不断买入 PE 最低的银行股，具体而言，投资者可以在每年的 9 月 27 日买入 PE 最低的银行股，到次年的 9 月 27 日卖出并继续买入当时 PE 最低的银行股，一年仅仅操作一次，经过回算，总收益率一下子提高到 357.70%，年化收益率为 16.43%。

通过每年一次的操作，仅仅在中国银行、兴业银行、浦发银行、华夏银行等 4 个银行中切换，如果投资者持有这 4 个银行 10 年，最高的年化收益率就是浦发银行的 4.39%，最低的华夏银行年化收益率只有 1.22%。

之所以会取得这样的收益率，是因为投资者每次买入的都是用 PE 来衡量相对便宜的股票，卖出相对贵的股票，即使出现亏损，也因为价格便宜而比其他股票亏的少些。

或许有人会发出疑问，2007 年股票市场状况良好，PE 高达好几十倍，不是价值投资的好时机。如果在 2008 年，当时招商银行的 PE 只有 10 倍左右，截止至今招商银行红利再投复权后总共涨了 202.50%，如果投资者通过每年买入 PE 最低的银行股，能够获得 640.73% 的收益率，640.73% 这个数值远远高于招商银行的自身收益率。

虽然投资者的这些操作不会改变任何一家银行的业绩，但通过仅仅一年一次的买卖，收益率超过了其中任何一家银行，这就是轮动的魅力，也是好企业不等于好股票的最好案例。

用 PE 作为简单的轮动因子，只是为了说明当价值投资遇到量化工具后会发生什么样的变化。投资者在 10 年中仅仅只要每年操作一次，就获得了总收益率 357.70%，不仅超过一直持有招商银行的收益率 30.18%，而且还高于收益率最高的南京银行的 85.13%。

从上述案例中我们能够发现，以价值投资作为投资理念，以量化投资作为投资策略是一个有利的结合，如图 7-14 所示。

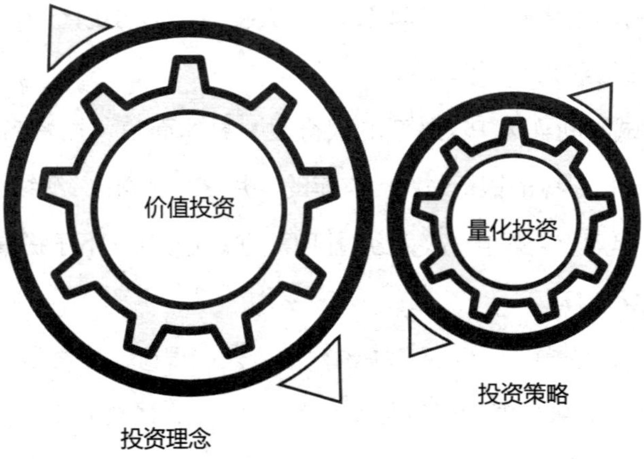

图 7-14 量化投资策略

除此之外，投资者用量化这种方法来处理基本面信息还有一个优势，它能够克服人做决策的缺点和盲点，能够全面客观和系统化地处理这些信息，而不像投资者凭主观做决策的时候。

投资者可能主观认为自己是一个非常有纪律、非常客观、非常成功的投资者，但如果投资者去客观地把所有的交易记录调取出来进行分析的话，可能会发现里面有大量的交易是不成功的，同时投资者的记忆力会主观地把那些不成功的交易剔除掉，只记住这些成功的案例，从而导致自己会盲目自信。以上这些缺点在量化投资策略里是不会出现的。

因为价值投资是本源和支柱，所以量化投资对于价值投资不会造成冲击，数量化投资的分析和运行的方式并没有办法去抗衡价值投资。另外，价值投资可以数量化，尽管数量化投资在很多情况下对基本面的研究没有过多的强调，但是不管怎么说，价值投资还是本源。

第八章

看清市场的波动

很多人热衷于投资，却对与其如影随形的风险深恶痛绝。在很多投资者眼里，一旦股票跌破了自己的买入价，就觉得风险将要出现，于是如临大敌、惶惶不可终日。不仅如此，股票暴涨、股票暴跌……股市里的剧烈波动让投资者胆战心惊，惊叹股市风险之高。

殊不知，这种风险观在巴菲特眼里是完全错误的，他认为股票的波动和风险不是一回事。

一、波动与风险

在金融数学领域，波动性指金融资产在一定时间段的变化性。既然称之为波动，就有波峰和波谷，相邻的一组波峰和波谷之间也存在着一定的时间差。

波峰到波谷的垂直距离是空间维度，也就是波动幅度；波峰到波谷的水平距离则是时间维度，称之为时间跨度。而这期间空间与时间之间的转化率，就是波动性。波动性经常被用于判断走势中，幅度越大，跨度越小的时候，走势的波动性就越高；反之，幅度越小，跨度越大的时候，则走势的波动性就越低。

一些商学院的课本中，现代经济学用波动率来反映金融资产的风险水平，市场也习惯于用收益期望和波动率来给金融资产定价，反映在定价模型中就是图8-1中的含义。

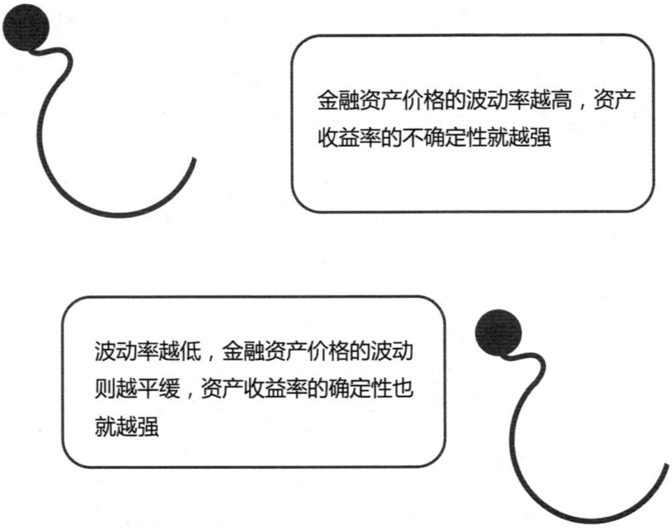

图 8-1　波动率

因此，很多投资者把波动和风险挂上了等号，金融资产向上波动就止盈，向下波动就止损。但是波动并不等于风险，我们认为真正的风险是对于一种金融资产购买力造成长期不可逆损失的可能性。波动则受到更多因素和短期行为的扰动，这种扰动不会使购买力产生根本变化，而是暂时性的影响，如图 8-2 所示。

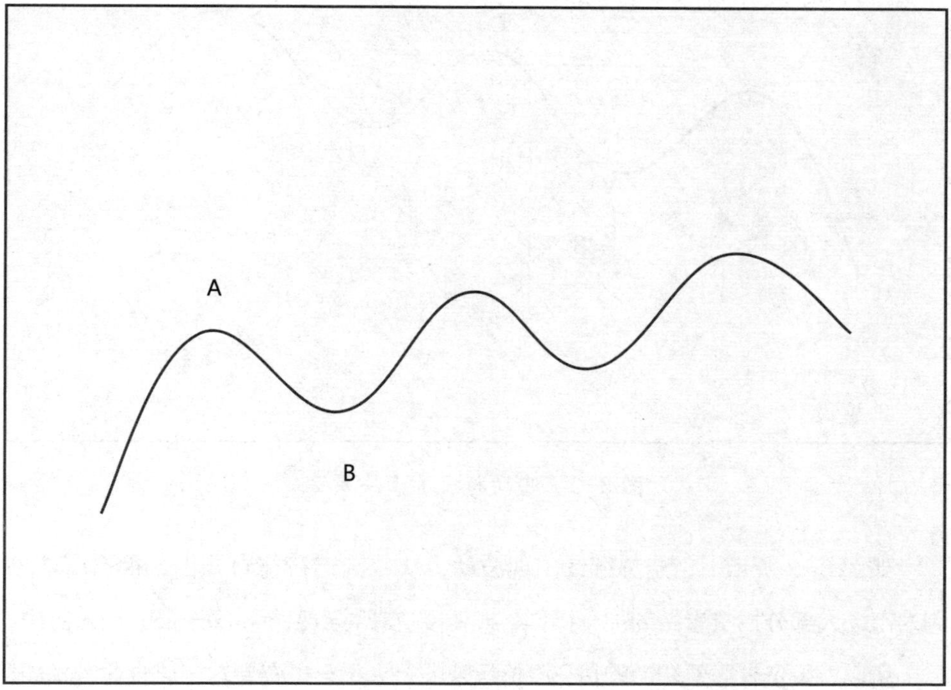

图 8-2　波动与投资者决策 1

如图 8-2 所示，当走势出现了波动的时候，从 A 点运行至 B 点时，很有可能是因为市场大部分投资者做的减仓操作，或者投资者看到利空新闻选择的卖出操作。

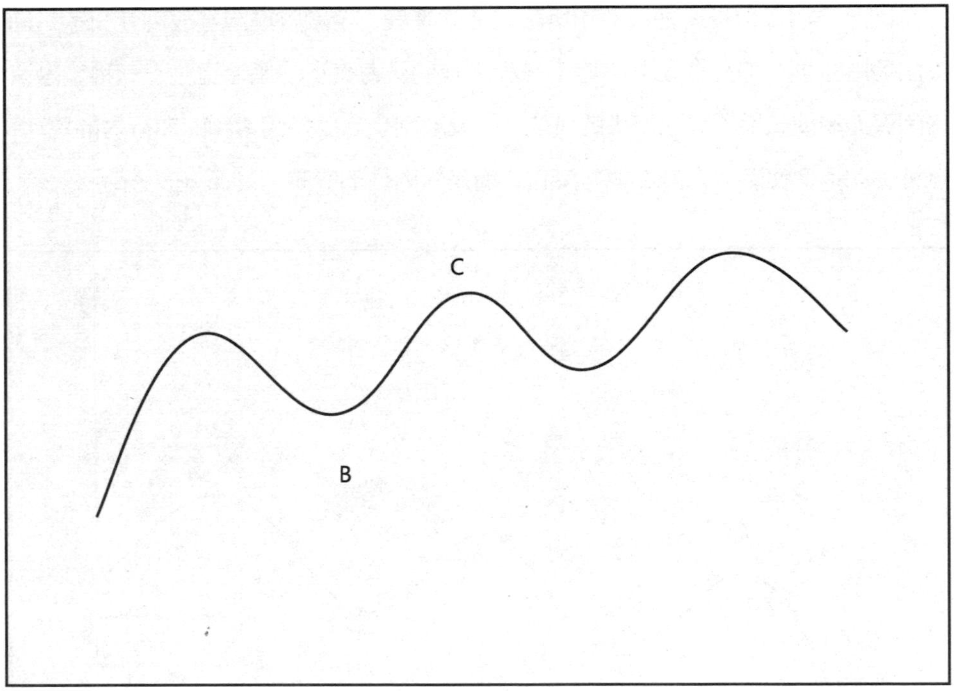

图 8-3　波动与投资者决策 2

如图 8-3 所示，当走势继续出现波动，从 B 点运行至 C 点时，很有可能是因为市场大部分投资者做的加仓操作，或者投资者看到利多新闻选择的买入操作。

所以，投资者需要知道的是，股价反映的是大部分投资者对于该企业的预期，短期的群体行为无法预测。波动本身也包含自相关性，人的天性包含趋利避害，当股价向下波动，人最本能的反应就是卖出股票来保护自己，这种自相关性会加强股价的波动，这种波动本身不具有任何意义。

在有效市场理论下，所有企业的股价涨跌都符合概率学中的正态分布，企业与企业之间在数学家眼中没有本质区别。但实际上每个企业都不一样，用简单的常识就能理解，当股价遭遇波动，投资者只需要思考波动是否会造成买错或买贵的情况，如果没有造成买错或者买贵则此波动不是风险。

二、市场波动中的机会

正如上文介绍，市场的波动不是风险，那么，市场的波动到底是什么呢？

我想，若是请巴菲特来回答这个问题，他一定会说："市场的波动是机会。"与"股价波动即风险"的观点相反，巴菲特认为股价的下跌其实是减少了风险，因为只要市场波动的幅度越大，一些超低的价格就更有机会出现在一些好企业身上，投资者正好要利用股价下跌的机会进行投资。如图 8-4 所示。

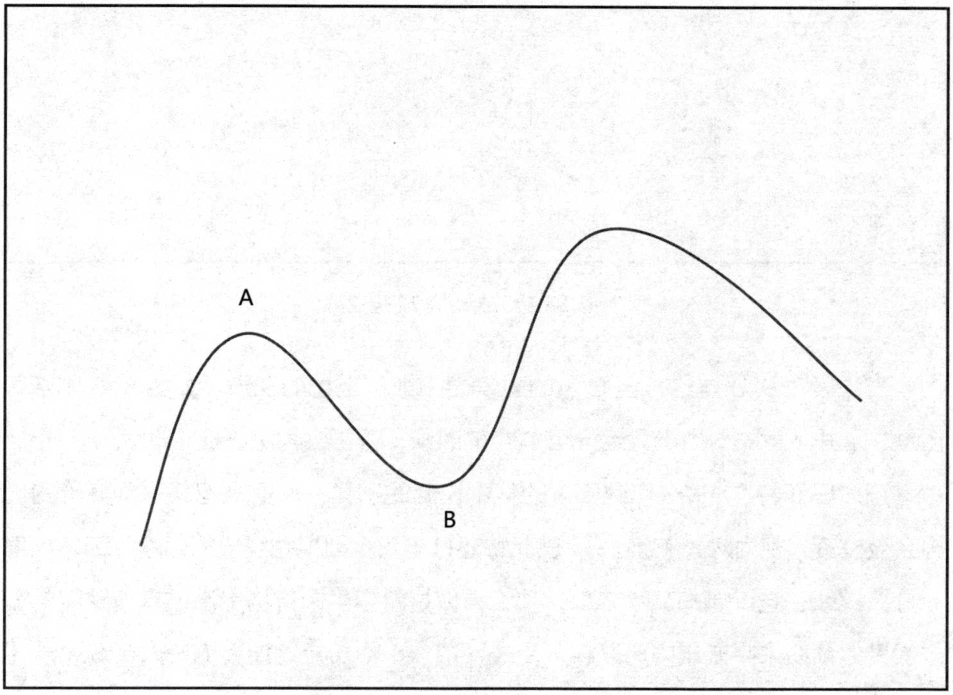

图 8-4 波动与风险 1

假设这只股票是投资者利用价值投资选股的方法挑选出来的，并已经持股，当该股票从 A 点运行至 B 点的时候，不一定是因为该股票没有投资的意义，很有可能是因为该股票在波动整理阶段，目的是降低风险，那么，投资者便可以再次抓住市场波动而带来的机会进行投资。

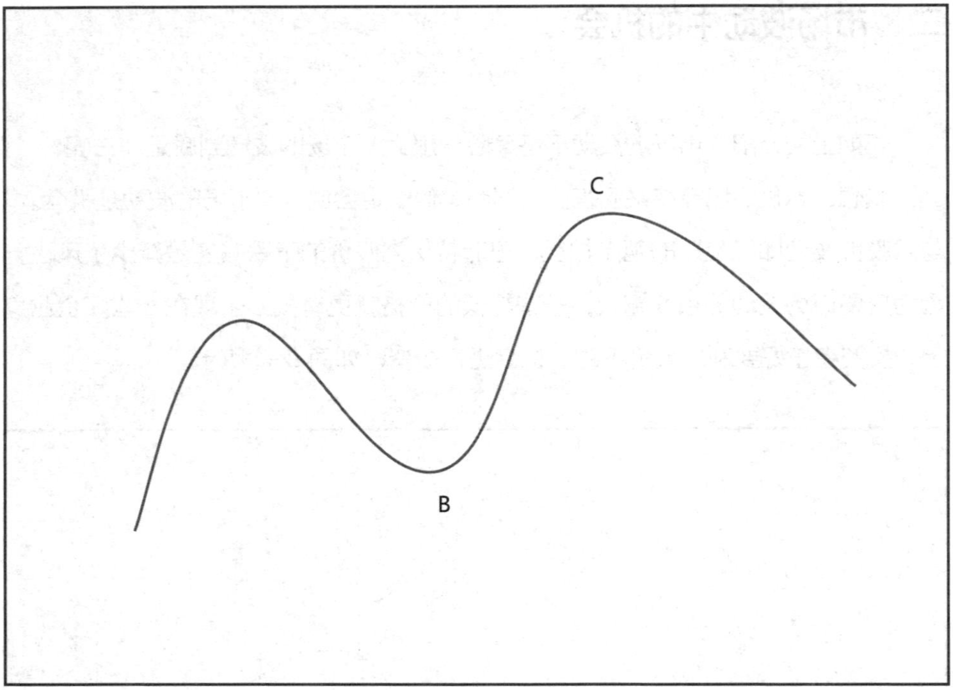

图 8-5　波动与风险 2

当该股票从 B 点运行至 C 点的时候便印证了上述的观点，如图 8-5 所示。但是，这并不意味着当走势运行至 C 点的时候，就不会再次出现波动。

正如巴菲特在 1997 年致股东的信中说到的那样：“很难想象这种低价的优惠会被投资人视为对其有害。” 巴菲特还打了两个被视为经典的比喻，即“如果你打算一辈子吃汉堡却又不养牛，那么，你是希望牛肉价格上涨或是下跌呢？”“假设你预估未来五年内可以存一笔钱，那么，你希望这期间的股票市场是涨还是跌？”，以此来说明自己的观点。

波动性确实可能会带来机遇和快速收益，价格来回波动的时候，看起来有很多盈利的机会，但是当交易进入白热化状态，很难在其中判断变化的终点。想要取得积极的交易效果，需要大量的交易技巧和丰富的交易经验。

因此，对于新手交易者来说，波动性的弊大于利。高波动性的行情更适合有市场经验和实战经验的投资者，很多投机者都认为高波动的行情是获利的好时机，因为对于他们来说，高波动性带来的是机遇和快速的收益，但是，前提是必须把握住高波动性。

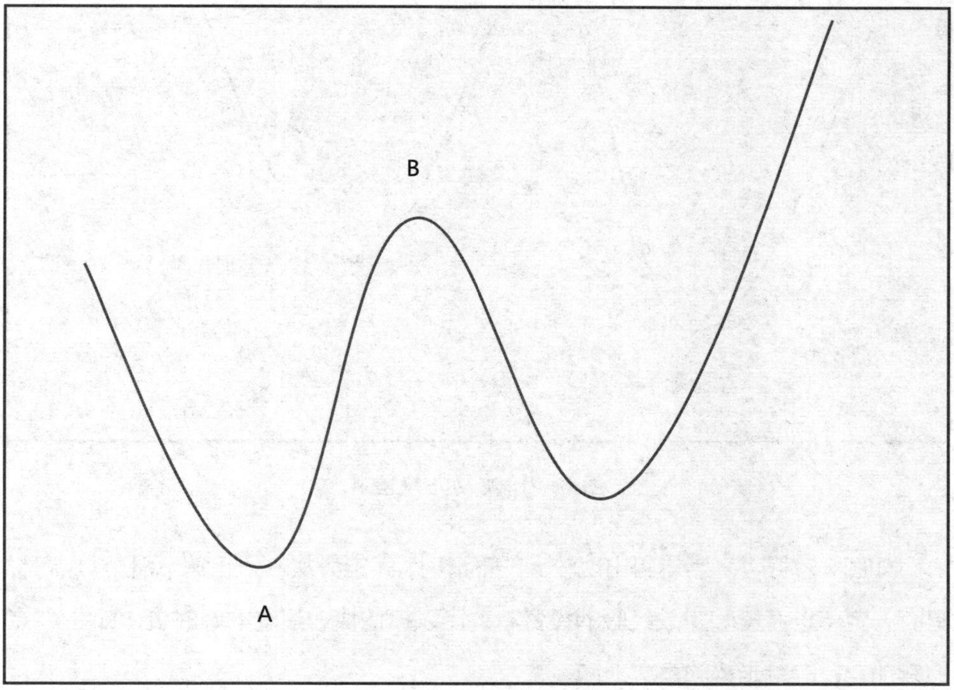

图 8-6 波动与风险 3

如图 8-6 所示，当走势出现较大的波动时，具有一定市场经验和实战经验的投资者，可以抓住快速获利的好时机，即在 A 点继续加仓，在 B 点可以选择将手中的股票清仓一部分，快速获取收益。

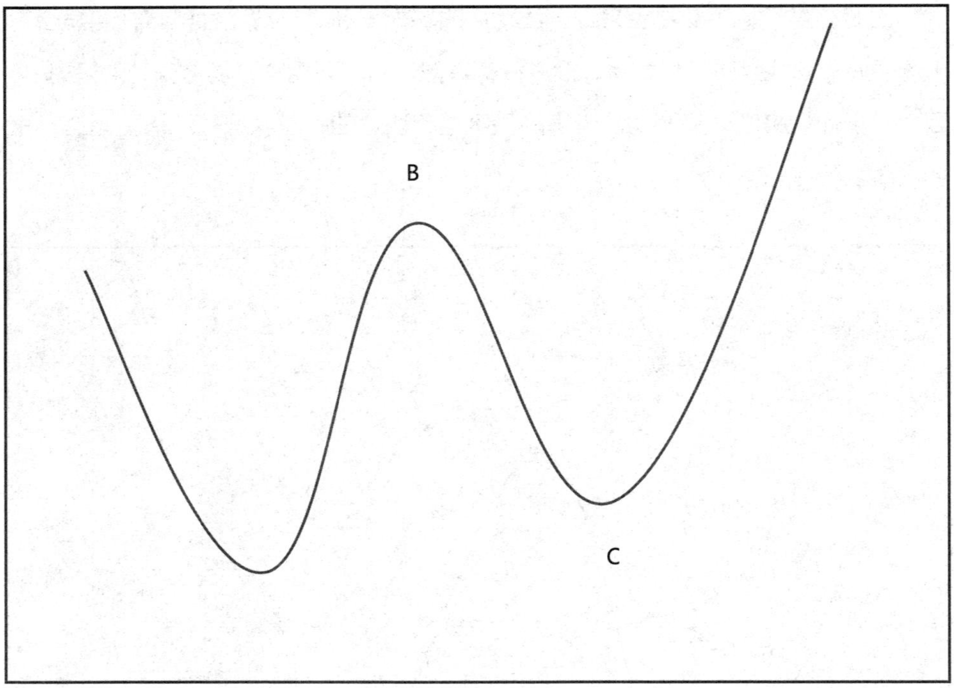

图 8-7　波动与风险 4

如图 8-7 所示，当走势出现较大的下滑时，即走势从 B 点迅速下滑至 C 点时，具有一定市场经验和实战经验的投资者，可以抓住快速建仓的好时机，即在 C 点继续加仓，等待走势的再次上涨。

除此之外，投资者还应该注意，没有哪种交易策略是完美的，并没有什么策略可以适合所有的市场波动。看似相同的波动里面，有些是盈利的机会，有些是亏损的风险。投资者所要做的是抓住机会、规避风险，能够清晰地认识自己的策略，并分辨出哪些时机适合自己操作。

三、巴菲特：在波动中坚持价值投资

金融与实体经济日渐脱离，按照自身的规则运行，这或许是对 1987 年美国股市崩盘的解释。

按照经济学家向松祚的著作《新资本论》中所说："自亚当·斯密以来，人们始终相信货币金融变量由实体经济变量所决定，实体经济变量主导支配货币金融变量，金融资产价格仅仅是实体经济收入和利润的反映。实体经济是头，金融资产是脚；实体经济是主人，金融资产是仆人。然而金融资本主义将头和脚、主人和仆人的关系颠倒过来。"

在这样一种新的关系中，证券市场之于实体经济早已不是晴雨表的关系，股市的崩溃甚至也不再像当年那样把经济带入到大萧条之中。

在 1987 年 10 月美国发生的股市崩盘是这一新时代来临的重要分水岭，虽然股市崩盘，但大萧条没有来，当时，股市崩盘的过程是这样的。

1987 年 10 月 18 日，开市前一天周日早晨，当时的美国财长贝克在电视节目中宣布："如果联邦德国不降低利率，美国将考虑让美元继续下跌。"

这个消息公布之后，已经在 1987 年 10 月中旬显现出颓势的全球股市感受到了股市下跌的压力。果然，十几个小时之后，东京、新加坡股市陆续开盘，都出现了不同程度的暴跌。随着地球的自转，西半球的法兰克福、巴黎、伦敦股市如同被推倒的多米诺骨牌，一个接一个出现暴跌。

1987 年 10 月 19 日，卖盘席卷整个股市，交易所内一片恐慌。道·琼斯工业平均指数一直下泻，没有人知道应该如何遏制继续恶化的局势。

随着道·琼斯工业平均指数的大幅度下降，美国证券交易委员会主席大卫·路德在华盛顿发表讲话说："在关键时刻，虽然我们不知道这一关键时刻会在什么时候，我将与股票交易所讨论暂时关闭交易所。"

这则消息引起了新的一轮恐慌，投资者们知道一旦交易所关闭，没有来得及卖出的股票将砸在手里。于是，他们不得不以更快的速度卖出股票。道·琼斯工业股票指数已经下挫 250 点。在此期间，证券交易委员会的官员出面澄清：他们没有讨论有关关闭交易所的事情。然而为时已晚，灾难已无法遏止。

1987 年 10 月 19 日收盘时，道·琼斯工业平均指数下降了 508.32 点，由 2246.72 点狂跌到 1738.470 点，跌幅达 22.6%，并且创下了一天内下跌的最高纪录。这一天，在纽约股票交易所挂牌的1600种股票中，只有52种股票上升，其余全部下跌。那些被称为蓝筹中的蓝筹的大公司股票均狂跌30%左右，如通用电气公司下跌33.1%、电报电话公司下跌29.5%、可口可乐公司下跌36.5%、西屋公司下跌45.8%、运通公司下跌38.8%、波音公司下跌29.9%。

很多投资者时时地关注大盘，抱怨资金砸在了股市中，但是，巴菲特却静静地坐在办公室中看报纸、打电话。

巴菲特根本没有关注股市行情，也没有恐慌地四处打听消息，更没有恐慌地抛售股票，面对大跌，面对自己的财富大幅缩水，面对他持有的重仓股大幅暴跌，巴菲特显示出了异于其他投资者的平静。

这是因为巴菲特坚信持有的这些上市公司具有长期的持续竞争优势，具有良好的发展前景，具有很高的投资价值，坚信股市剧烈波动和天灾一样，只是一时的，不过是股市中的一次波动，波动最终会过去，并最终恢复正常，所持股公司的股价最终会反映其内在价值。

四、彼得·林奇：在波动中寻找股票

1987年10月18日股市崩盘之后，美国公共广播公司采访彼得·林奇时问：“1987年股市崩盘的时候，你在哪里？”

彼得·林奇回答说：“我和妻子当时正在爱尔兰度假，这是我们8年以来第一次度假，我们是在崩盘前一周的周四出发的，我们出发这天股市下跌了55点，那是我们第一次去爱尔兰旅行。第二天周五，由于时差原因，我们在爱尔兰的一天快结束的时候，我打电话回公司，得知股市又跌了115点。”

彼得·林奇继续说道：“每当股市大跌，我对未来忧虑之时，我就会回忆过去历史上发生过40次股市大跌这一事实，来安抚自己那颗有些恐惧的心，我告诉自己，股市大跌其实是好事，让我们又有一次好机会，以很低的价格买入那些很优秀的公司股票。”

我们不得不佩服彼得·林奇的心态，当道·琼斯工业平均指数由 2246.72 点狂跌到 1738.470 点的时候，他依然在度假，从他的回答中我们能够看出他对股市的态度、对股市崩盘的态度，即下跌也许是再次买入的好时机。

我们继续看彼得·林奇的后续回答，他说：“也许未来还会有更大的股市暴跌，但是既然我根本无法预测何时会发生股市暴跌，而且据我所知，和我一起参加巴伦投资圆桌会议的其他投资专家们也无法预测，那么，何以幻想我们每个人都能够提前做好准备免受暴跌之灾呢？在过去 70 多年历史上发生的 40 次股市暴跌中，即使其中 39 次我提前预测到，而且在暴跌前卖掉了所有的股票，我最后也会后悔万分。因为即使是跌幅最大的一次股灾，股价最终也涨回来了，而且涨得更高。”

我们能够看出彼得·林奇面对股市剧烈波动保持淡定和乐观，投资者应以这样的方式对待股市中的波动，即波动是正常且平常的事情，而忍受一定程度的波动，才是取得长期高投资收益的必要条件。当我们知道股市大跌总会发生，也为安然度过股市大跌事前做好了准备。如果我们看好的股票随其他股票一起大跌了，我们就会迅速抓住机会以低价更多地买入股票。

事实正如彼得·林奇预料的一般，股市暴跌之后，尽管道·琼斯工业指数暴跌 1000 点之多，从 8 月份指数最高点计算跌幅高达 33%，但是没有像人们预料的那样迎来股市末日。事实证明，这只不过是一次正常的股市调整而已，尽管调整幅度非常大，但也只不过是 20 世纪 13 次跌幅超过 33% 的股市调整中的最近一次而已。

美国自 1987 年 10 月份的股市暴跌之后，虽然又发生过一次跌幅超过 10% 的股市大跌，但是，总体来看，也不过是历史上第 14 次，或者这样说，即使这次是一次跌幅超过 33% 的股市大跌，也不过是历史上第 14 次而已，彼得·林奇说：“没有什么好大惊小怪的。在麦哲伦基金年报中，我经常提醒投资者，这种股市回调不可避免，总会发生的，千万不要恐慌。”

五、杰里米·格兰桑：在波动中耐心等待好牌

除了巴菲特和彼得·林奇，杰里米·格兰桑也是如此，对待股市崩盘就如同对待波动一样。

或许你对这位投资策略师还不太熟悉，这里，我对他进行适当的介绍，杰里米·格兰桑是波士顿投资公司 GMO 的主席兼首席投资顾问，GMO 管理资金规模达到 1070 亿美元，其中 950 亿美元投资股票，而 640 亿美元投资非美国市场。格兰桑 39 年对市场形势正确判断的优良纪录，使他位列全球最佳的投资策略师之一。

杰里米·格兰桑是个价值投资至上的人，被公认为是一名严肃的思想者，他孜孜不倦地观察着外界的投资动向，寻找着真理，并且用心思考，不在乎全世界的人怎么想，同时，杰里米·格兰桑也是一名价值投资者，但其投资理念与巴菲特不同，如图 8-8 所示。

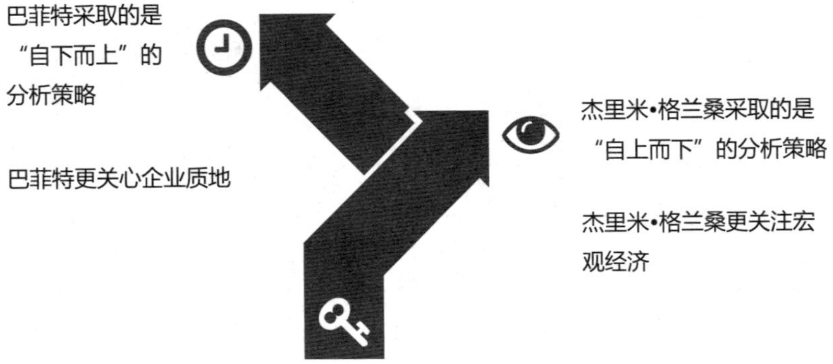

图 8-8　巴菲特与杰里米·格兰桑投资理念的区别

当 2008 年次贷危机发生时，杰里米·格兰桑在致投资者的信中，评论次贷危机，这样说道：“要避免危机的发展，你需要充足的远见、想象力和能力。几

个季度前，我把我们的金融体系比作一座精心设计的吊桥，希望用一些老式的维多利亚时代好的过度工程建造。好吧，这不是设计过度！它是在有利的条件下建造的。现在，随着飓风的吹袭，工程兵部队正在昼夜不停地工作，以支撑一座可疑的乱造大厦。当危机发生时，你需要能力和勇气来处理它。”而面对市场的波动，杰里米·格兰桑提出了五点建议，如表 8-1 所示。

表 8-1　杰里米·格兰桑提出的五点建议

建议一	要相信历史
建议二	不要做借款人，也不要做贷款人
建议三	不要把所有的资产都放在一条船上
建议四	要有耐心，并且专注长远
建议五	要远离人群，只注重价值

针对表 8-1 中的五点建议，这里进行详细分析。

建议一：要相信历史

历史是会不断重复的，如果忘记这条建议，那么，投资者会处于危险境地。所有泡沫都将会破灭，所有的投资疯狂也将会烟消云散。在投资狂热阶段，既得利益者以及媒体和分析师不断地鼓动投资者，他们向投资者保证：当下经济情况是绝无仅有的好情况，投资状况乐观，实体经济有着更高和更持久的增长潜力，投资者应该要忽略它们，不要过多地受它们的影响。

市场如果会更猛烈地上涨，它只是离真正公正的价值越来越远。但最终，市场会让投资者失望，它可能会在投资者极度痛苦和烦躁中，下跌回归至合理的价值水平。投资者的任务是要在这样的市场波动中生存下去。

若是将这一建议进行总结，即历史是会不断重复的，投资者的任务是要在市场波动中生存下去。

建议二：不要做借款人，也不要做贷款人

如果投资者贷款来投资，它会干扰投资能力。不使用杠杆的投资组合不会被斩仓，而使用杠杆的投资则会面临这种风险。杠杆虽然暂时会增加投资者的回报，但最终会被突然摧毁使投资者自身的耐心受损。

建议三：不要把所有的资产都放在一条船上

这一建议大概是所有投资建议里都包含的一条。

其实，商人们在两千年前就已经认识到这点。杰里米·格兰桑认为，将投资配置在几个不同的领域，而且尽量多一些，可以增加投资者投资组合的韧性，增强承受冲击的能力。

显然，当投资者的投资标的分散，且各不相同时，投资者就可能在自己的主要资产下跌的关键时期生存下来。

建议四：要有耐心，并且专注长远

杰里米·格兰桑认为耐心等待是十分重要的，因为这是等待好牌的一个过程。如果投资者等待的时间足够长，市场价格可能会变得非常便宜，这就是投资者投资的安全边际。因此，投资者现在需要做的是，面临较好的投资机会时仍然要忍受等待的痛苦，直到其中一些变得极好。个股通常会从底部反弹，整个市场也是周期波动的。

如果投资者按照上述规则，能以较低的价格买入股票，长期来看是能够从个股暂时面临的糟糕局面中受益。

建议五：要远离人群，只注重价值

现实生活中，个人对群体的情绪是难以抗拒的。若是某个时候看到邻居在一个投机泡沫中变得富有，而还不是投资者的你却一直置身市场之外，这对于你来讲真的是一种折磨。

而抵御人群鼓动的最好办法是关注你自己计算的个股内在价值，或找一个可靠价值测量来源，不时地检查这些价值来源的信息是否可靠，然后如崇拜英雄般地崇拜这些价值，并尝试忽略一切。

第九章

建立投资心智系统

投资者之所以走上“败者模式”之路，可以说很大一部分都是源于“心理层面”的问题。在投资交易中，很多投资者会因为失败而持续的持有失败者心理，正是这样的心理、这样的情感起到了相反的作用，会在投资者所涉及之处，设置出各种“陷阱”和“圈套”，最终让投资者再次掉进这些陷阱和圈套。

投资市场千变万化，投资者需要在这种瞬息变化的“不确定性”中不断进行投资。投资者不仅需要时常磨炼自己的交易方法和战术，更要有策略地去锻炼、改变自己的心理状态，建立有意义的心智系统。

“建立心智系统”并非能一蹴而就，它和技术层面的锻炼一样，需要有耐力并花时间持续训练才能形成。本章将要对建立心智系统的要点与训练步骤进行介绍。

一、你的心智过滤器是否被污染了

进行研究或者其他调查研究，然后点击买入或卖出的时候，我们的决定总会经过自己确立的认识系统和思想集合——心智过滤器。这些过滤器就是一生情感和经历构成的网纱，旨在保护我们的安全，但一些过滤器实际上影响了我们在交易中的理性。

本节主要介绍污染投资者心智过滤器的四个方面，如图 9-1 所示。

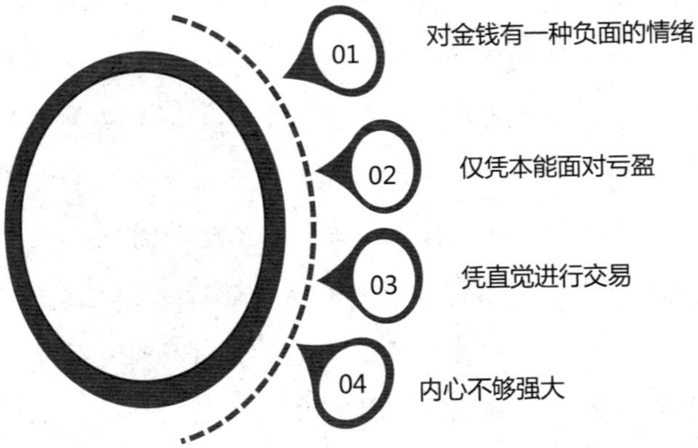

图 9-1　污染投资者心智过滤器的四个方面

对金钱有一种负面的情绪

在投资中，有些投资者抱有这样的想法，“在投资之前赚钱是一个不正常的赚钱行为”“即便现在赚取了，反正日后也要亏进去”“赚钱不容易，不能亏在股市中”，所以当投资者的收益上升之后开始下滑的时候，投资者便会减少注意力，导致当风险来临之前便纷纷清仓出逃。

大约 80% 的投资者没有认识到自己的金钱观是如何深刻影响自己的交易行为的。为了清楚认识自我金钱观的根源，我们可以深度分析投资者，曾经因为金钱而产生的非理性认知。

投资者 A 的童年，因父亲喜欢赌博而又欠下巨额赌债，不得不在逃债中度过，正因颠簸的生活是因金钱而起，导致投资者 A 有一种强烈的信念，即“绝对不能没有钱”“绝对不能用钱去赌博”。投资者 A 对金钱的过分执着，导致她每天没日没夜地拼命工作，拒绝任何奢侈，一味努力攒钱。

这种“绝对不能没有钱”的潜意识情感，会让投资者 A 在交易中面对头寸出现潜在危机时，立刻采取赔本抛售的行为。即使事先已经设定了止损点，但却会在那之前就赔本抛售，即所谓的“赔本斩仓”；“绝对不能用钱去赌博”的潜意识情感，会让投资者 A 不敢加大资金量，也不敢在风险大的情况下操作。

这种情况会导致投资者 A 在开始交易的同时，就做好了止损点的交易设置，并且“绝对不能损失钱”的强烈潜意识情感会再次占据她的头脑，开始进行反复的斩仓交易，也会导致投资者 A 不敢抓住风险高收益高的短线操作。

而交易赢家往往不会将自己的负面金钱观植入到投资交易中，更不会因为金钱观污染自己的心智过滤器。

仅凭本能面对亏盈

在丹尼尔·卡内曼之前，经济学和心理学在研究人类决策行为上有着极大的区别，经济学的观点认为外在的激励形成人们的行为，而心理学恰恰相反，认为内在的激励才是决定行为的因素。

丹尼尔·卡内曼在不断修正“经济人”假设的过程中，看到了经济理性这一前提的缺陷，也就发现了单纯的外在因素不能解释复杂的决策行为，由此正式将心理学的内在观点和研究方法引进了经济学。丹尼尔·卡内曼最重要的成果是关于不确定情形下人类决策的研究，将心理学研究的视角与经济科学结合起来，证明了人类的决策行为如何系统性地偏离标准经济理论所预测的结果。

他论证了在不确定情形下，人们的判断会因为依照“倾向于观测小样本”形成的小数法则行事，或因为对于容易接触到的信息的熟悉和对主观概率准确性的盲目偏信，而导致决策行为系统性地偏离了基本的概率论原理。

同时，在丹尼尔·卡内曼与特维斯基的合作中，他系统地陈述了“前景理论”，该理论说明了如果投资者按照本能进行交易，容易产生交易失败的结果，从而更加厌恶交易失败带来的损失。

损失厌恶，是指投资者面对同样数量的收益和损失时，认为损失更加令他们难以忍受。同量的损失带来的痛苦感为同量收益的快乐感的 2.5 倍。损失厌恶反映了人们的风险偏好并非对称性，当涉及的是收益时，表现为风险厌恶；当涉及的是损失时，则表现为风险寻求。

这里以案例进行分析，假设投资者用 5 万元购买了某只股票，如图 9-2 所示。

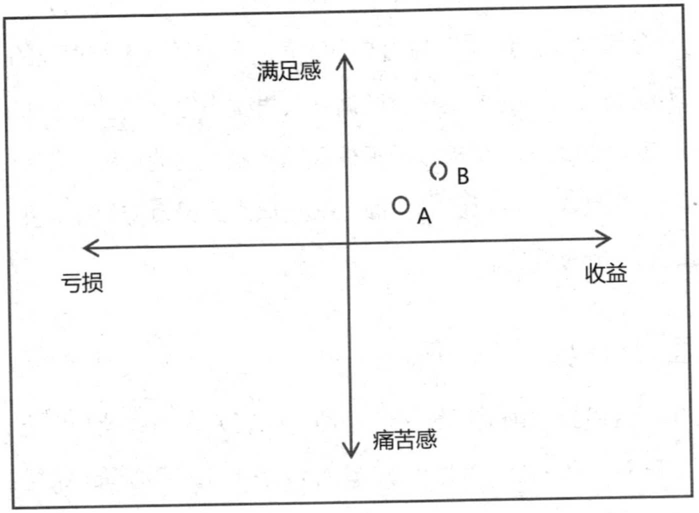

图 9-2　投资者的损失厌恶感 1

当这只股票从 5 万元涨到 6 万元的时候，即股票从 A 点运行至 B 点，投资者收益增加的同时，满足感也会增加。可能会产生“到某某点位就套现”的想法。

正如投资者所想，股票的走势顺着投资者的想法而运行，如图 9-3 所示。

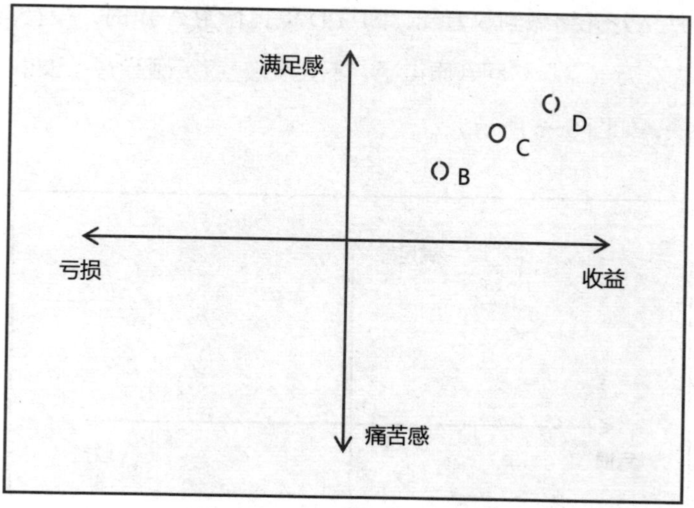

图 9-3　投资者的损失厌恶感 2

股票从 6 万元上涨到了 7 万元，即从 B 点运行至 C 点，投资者获得的满足感没有第一次更多，当股票再次上涨至 D 点的时候，即从 C 点运行至 D 点，投资者的满足感越来越淡，再不会出现像 A 点运行至 B 点那样急剧上升的满足感。

然而当股票出现波动时，投资者的情绪会突然变得非常强烈，伴随着收益的降低，满足感也会急转直下，如图 9-4 所示。

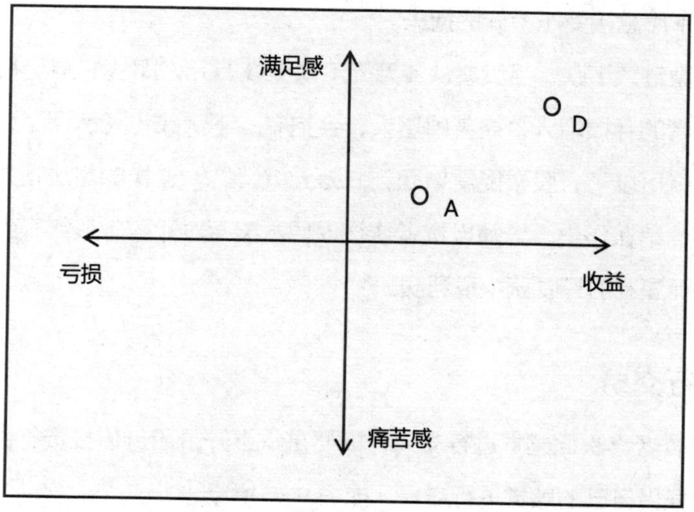

图 9-4　投资者的损失厌恶感 3

当股票从 7 万元缩减到 5 万元，即从 D 点运行至 A 点时，投资者会有这些心理“都损失 2 万元了”“回到原点了，不会跌破 5 万元吧”。正如投资者所想，股票继续下跌，如图 9-5 所示。

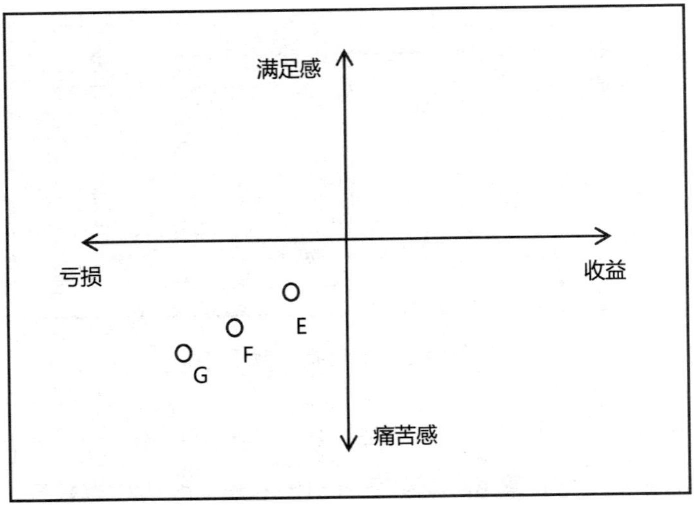

图 9-5 投资者的损失厌恶感 4

当股票从 5 万元跌至 4 万元的时候，即从 A 点运行至 E 点的时候，由于损失而出现的愤怒、后悔、悲伤的情绪会极具涌现，也正由于精神上的痛苦过于沉重，导致投资者不愿意接受 1 万元的损失。

然而股票继续下跌，当股票从 4 万元下跌至 3 万元，即从 E 点运行至 F 点的时候，投资者的亏损增大，痛苦感增大，会抱有“不赚钱也无所谓了，只要这种痛苦感消失就可以了，股票能重新回到 5 万元就行”。这样的想法正是投资者贪婪与恐惧的情绪在作祟，导师投资者往往仅凭本能面对亏盈，最终导致亏损了大部分资金，而赢利时只收获少量利润。

凭直觉进行交易

有些投资者喜欢凭感觉进行交易，即便是从上升阶段价值投资，由于自己的贪婪，完全凭借自己的感觉进行交易，如图 9-6 所示。

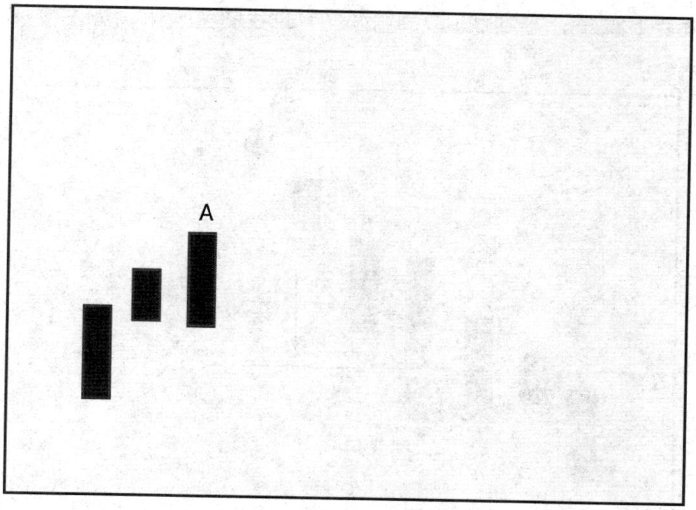

图 9-6 投资者的凭直觉进行交易 1

当股票运行至 A 点的时候，投资者会因股票上涨了而心情大好，心理认为“股票上涨了，等再上涨一点就考虑买入”，如图 9-7 所示。

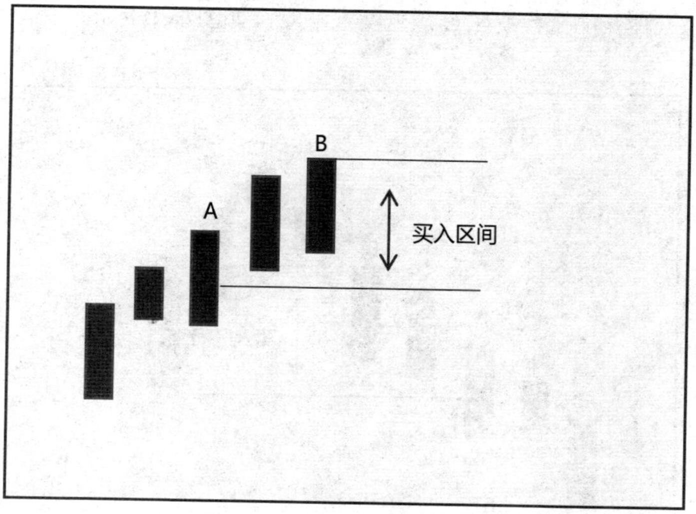

图 9-7 投资者的凭直觉进行交易 2

当股票运行至 B 点的时候，投资者想“股票竟然还在上涨，涨幅已经很大了，估计马上就要下跌了，等到跌回 A 点的一半时我便买入”，如图 9-8 所示。

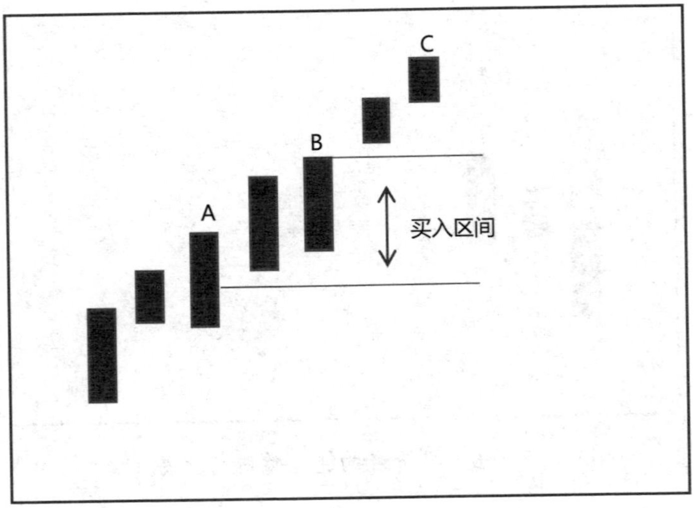

图 9-8　投资者的凭直觉进行交易 3

于是股票继续大幅上涨，投资者开始不知所措，认为“这只股票果然有潜力，竟然一直在上涨，那么我就在 C 点处买入吧”，如图 9-9 所示。

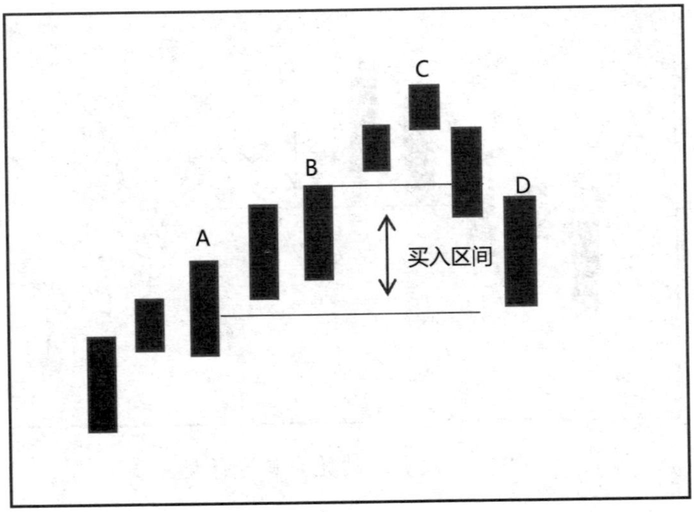

图 9-9　投资者的凭直觉进行交易 4

当投资者在C点买入之后，股票没有延续上涨趋势，而是出现了下滑，投资者开始慌张“竟然下跌了，没事，应该是一个短暂的回调”，如图9–10所示。

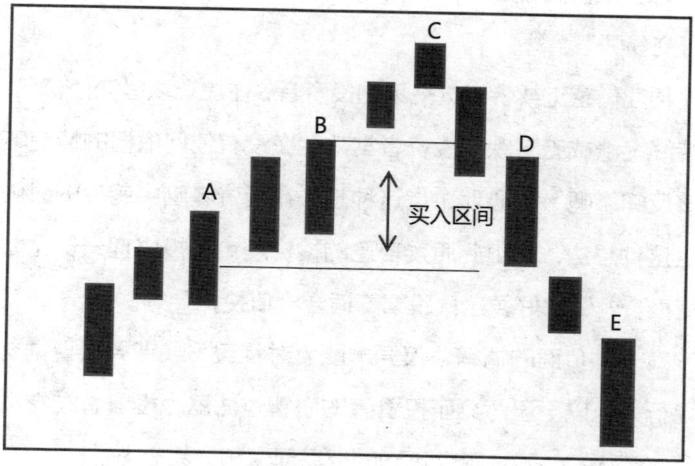

图9–10　投资者的凭直觉进行交易5

该股票继续延续下跌，跌破了上涨的最低点位，印证了此时的下跌并不是一个短暂的回调，而是深幅度的下跌，投资者开始恐惧“会不会是我选错了股票，可是我是按照价值投资来选股的，怎么下跌得如此厉害！”，如图9–11所示。

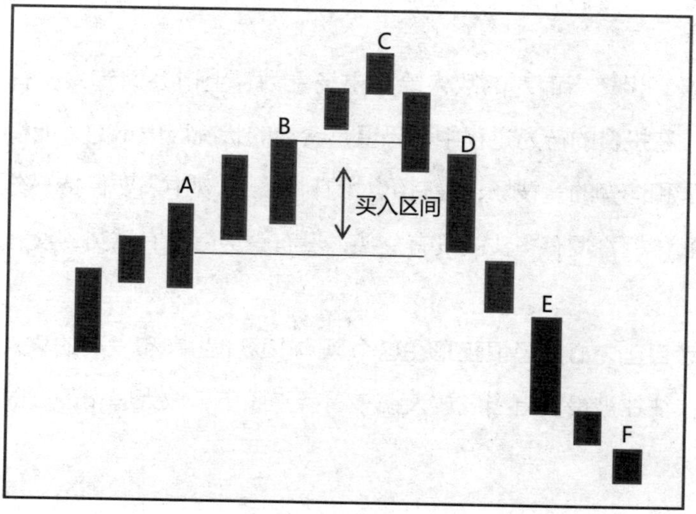

图9–11　投资者的凭直觉进行交易6

股票的这轮深幅度下跌仍然在延续，根据价值投资选股的投资者随着股价的接连下跌，开始变得更加恐惧，并且凭借自己的直觉认为股票下跌力量过重，股票难以回升，于是，投资者认为“算了，不管什么价值投资了，我还是凭借自己的感觉进行交易吧”。

类似这种凭借感觉或者直觉交易的投资者，往往难以坚守住自己的投资理论，如果股票持续上涨或者下跌，投资者常常会在没有任何依据的情况下，产生一种“差不多该反弹了吧”的心理，当这种想法在投资者脑中萌生的时候，便会接二连三地产生这种想法，并由此质疑自己的投资理论和投资理念，比如“是不是我用错了价值投资？”“好像这只股票不适合价值投资”等。

对金钱有一种负面的情绪，仅凭本能面对亏盈，或者凭借直觉交易，都是不理智的交易行为，以至于污染了投资者的心智过滤器，投资者在交易中不妨建立心智模型，改变认知偏差，树立正确的交易理念和交易心态。

内心不够强大

股票市场变幻莫测，大赢大亏，对投资者人性的考验、性格的陶冶，我相信没有哪种行业能够比得上。股市中投资者操作失败的原因虽然有很多，但事实证明，80% 的亏损是由性格和心理因素造成的，没有足够强大的心理，则难以产生理想的结果。

可以说，投资者面对的敌人除了市场主力、上市公司等，还有一个就是自己的内心，在投资的行为过程中，恐惧、贪婪的状况层出不穷，而投资市场本身就是一个零和博弈的竞技场，没有绝对的利弊，乐观中需要保持一分谨慎，悲观中需要酝酿转机，没有多头就没有空头，没有跌势就没有涨势，没有动荡就没有利润。

投资者自己内心的恐惧正是在这个风险市场上生存和发展的敌人。交易中投资者的恐惧往往被投资者当成放大镜来看待来股市，放大股市的同时，也放大了内心的恐惧。

但是，市场就是市场，市场没有感觉，也没有感情，它自始至终并未伤害过任何一个投资者，而大部分被伤害过的投资者，是被自己的情绪打败了，是被自己放大了的恐惧所伤害。

二、直觉与信念固着现象

市场上很多投资者做决策时要么依赖直觉，要么依赖经验。

正是因为投资者有用直觉判断市场的现象，所以使投资者产生了信念固着现象、过度自信倾向等错误思维。

心理学的一个重大发现就是人类的直觉，正如法国哲学家帕斯卡尔所说："心灵活动有其自身原因，而理性却无法知晓。"人类的思维、记忆、态度都是同时在两个水平上运行的，一个是有意识和有意图的，另一个是无意识和自动的。我们的所知比我们知道自己所知的还要多。

直觉是人类在长期进化中基因优化的结果，是人类反应及处理问题时的心理捷径。股市中恐惧、贪婪、乐观、悲观等情绪均是无意识的自动的直觉反映，是人类的本性。在本章前文中我也进行过介绍，很多投资者会凭借直觉进行交易，除了凭借直觉交易之外，投资者还会凭借本性进行交易，不断地追涨、止跌，不断重演非理性繁荣与非理性萧条的循环。

但是，任何事物都存在两面性，直觉和本性产生的判断，一方面节省了人类的心智资源，另一方面也为人类带来了错觉思维。由于直觉和本性存在敏感性、即时性、既定模式反应等特征，直觉在进行判断与决策时有着明显的局限性，从而使人们产生了下文中的错误思维，并在股市投资决策中充分反映了出来。

信念固着现象

信念固着现象是指人们一旦对某项事物建立了某种信念，尤其是为它建立了一个理论支持体系，那么就很难打破人们的这一看法，即使是相反的证据与信息出现时他们也往往视而不见。从心理学的角度看，人们越是极力想证明自己的理论与解释是正确的，就越是会封锁挑战自己信念的信息。

在投资股票中，投资者也存在这种信念固着现象，即股票投资者往往倾向于预测股市的涨跌与股票价格的波动，各类证券分析机构也通过预测股价波动获取收益。然而，投资者往往会落入信念固着的思维陷阱，在满仓时忽视下跌信号的出现，如图 9-12 所示。

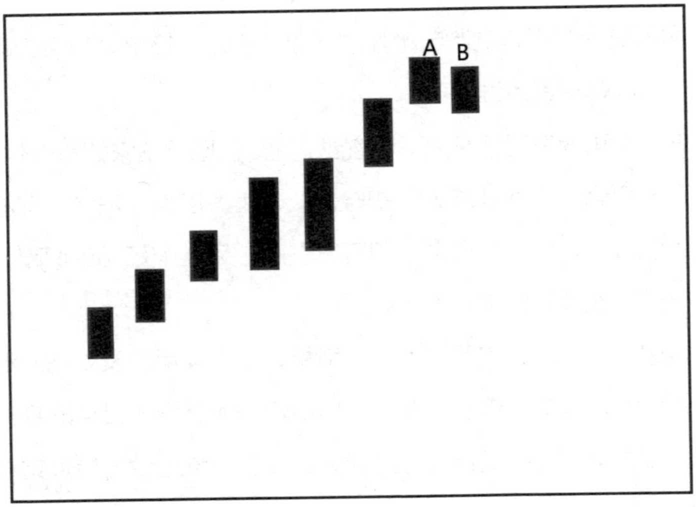

图 9-12　投资者的信念固着现象 1

如图 9-12 所示，当股票进入 A 点之后，开始了下跌的趋势与信号，若是投资者陷入信念固着的思维陷阱，在满仓时忽视下跌信号 B 的出现，导致出现亏损。

同时，投资者往往也会在空仓时忽视上涨因素的累积，如图 9-13 所示。

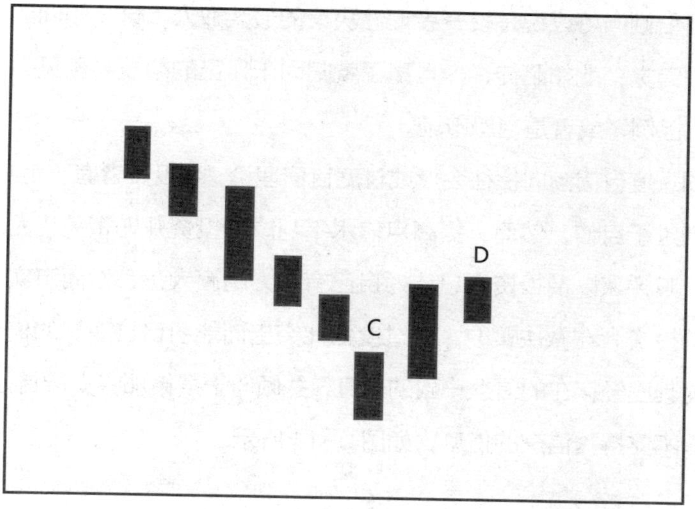

图 9-13　投资者的信念固着现象 2

如图 9-13 所示，当股票进入 C 点之后，开始了上升的趋势与信号，若是投资者陷入信念固着的思维陷阱，在满仓时忽视上升信号 D 的出现，导致错失建仓时机。

巴菲特看透了这一思维误区，主张理解投资与投机差异，认为应理性投资而不应非理性投机。这也就诠释了巴菲特法则的思想精髓——价值投资。

凯恩斯、格雷厄姆及巴菲特都曾解释过投资与投机的差异。凯恩斯认为："投资是预测资产未来收益的活动，而投机是预测市场心理的活动。"对格雷厄姆来说："投资操作就是基于透彻的分析，确保本金的安全并能获得满意的回报。不能满足这个要求的操作就是投机。"

过度自信倾向

过度自信倾向是指人们在对过去知识进行判断中存在智力自负现象，这种现象会影响对目前知识的评价和未来行为的预测。在投资股票中也存在这种过度自信倾向现象，尽管投资者知道过去出过错，但对未来的预期仍然相当乐观。

造成过度自信倾向的主要原因，是投资者往往倾向于在他们完全正确的时刻回忆自己的错误判断，从而认为这只是偶然发生的事件，与他们的能力缺陷无关。

过度自信倾向可以说是投资者理性决策的最大敌人，这一倾向还容易使投资者产生控制错觉，就如赌徒，一旦赢了就归因于自己的赌技与预见力，一旦输了就认为是自己倒霉或者是抱怨市场。

严重的过度自信倾向往往会形成过度自信理论，当投资者有一定知识基础时，往往会特别过于自信，然而，提高自信水平与成功投资并无相关。尤其是一些基金经理人、股评家以及投资者总认为自己有能力跑赢大盘，然而事实并非如此，过度自信的投资者在做决策时，会过度估计突出而能引自己注意的信息，尤其会过度估计与其已经存在的信念一致的信息，并倾向于搜集那些支持其信念的信息，而忽略那些不支持其信念的信息，如图 9-14 所示。

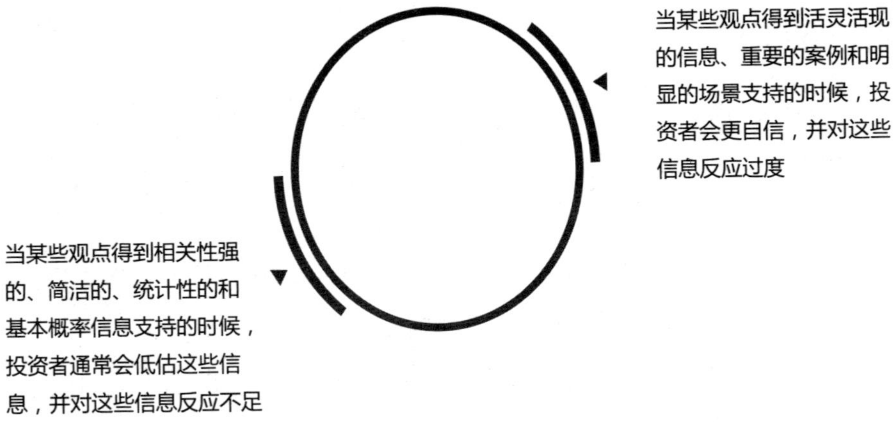

图 9-14　过度自信倾向的表现

有数据显示：过度自信的投资者在市场中会频繁交易，总体表现为年交易量的放大，由于过度自信而频繁地进行交易并不能让投资者获得更高的收益。

三、查理·芒格的心智模型

正因为投资者心智存在着各种各样的缺陷，在投资过程中构建理性的心智模型显得尤其重要，如何构建心智模型，查理·芒格为我们提供了丰富的模板和方法，值得我们借鉴引用。

说到查理·芒格，我想大家都不感到陌生，他是沃伦·巴菲特的黄金搭档，伯克夏·哈撒韦公司的副主席，他和巴菲特两个人用了 40 年实现了公司估值 20000 倍的增长，堪称商业史上的华丽奇迹。

外界称查理·芒格是巴菲特“最后的武器”，有人称其为巴菲特背后的伟大启蒙者，有评论认为查理是“这个时代的伟大思想家”。这位现年九十多岁的老人不仅仅是位卓越的投资家，更是一位跨学科思想家。

芒格建立了一套完整的心智模型，他对心智模型的论述，就是将其比作只有一个锤子的人：“如果一个手里只有锤子作为武器的人，那么他解决所有的问题的方式就是只会使用锤子。”按照芒格的定义，心智模型是用于解释个体为现实世界中之某事所运作的内在认知历程。查理·芒格的心智模型的运用就是多去考虑生活中事情、知识的联系、内在联系，然后找出其中关联。

易得性启示法

这里介绍查理·芒格心智模型中的易得性启示法认知偏差，易得性启示法是指人们在判断时往往会依赖最先想到的经验和信息，并认定这些容易知觉到或回想起的事件更常出现，以此作为判断的依据。

易得性启示法有其合理之处，很多容易回想起来的事情确实越有可能发生，因为不断重复发生的事情，自然更容易在我们的脑海中留下深刻的印象，同时，我们的大脑机制决定了我们除了会记住那些经常发生的事情，还对那些生动的、形象的、具有情绪感染力的事件印象深刻。

比如，我们为什么对“911 事件”的记忆如此的深刻，是因为 911 恐怖袭击发生时，电视和报纸媒体都做了大量深刻的报道，所以虽然现在距离前者已经过去了整整 17 年了，但我们仿佛觉得它离我们并没有那么久。

就如同我们对“911 事件”的深刻印象，一次失败的投资，或者是一次巨大的亏损，也能够让我们印象深刻，一件事情让我们的大脑能否记住或者是印象深刻，主要取决于图 9-15 中的 3 个因素。

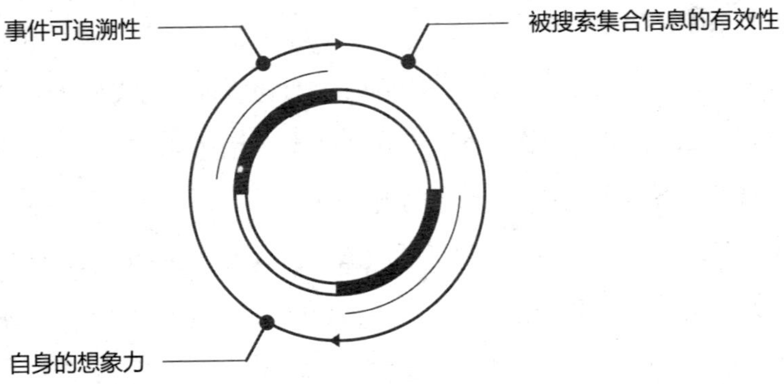

图 9-15　易得性启示法的 3 个因素

1. 事件可追溯性

事件可追溯性是指这件事情在我们的大脑里容易回溯，可能是因为这种事发生概率高，也可能你对它很熟悉，或这件事情本身非同寻常，或事件发生的时间比较特殊。

比如“911 事件”的特殊性，以发生时间进行命名，使我们印象深刻；比如 2008 年的金融危机，直接影响到针对严重依赖出口的实体上市企业，波及在海外有大量投资的金融机构，对我国股市造成了一定程度上的影响，大多数投资者产生了巨大的亏损，正是 2008 年发生金融危机的特殊事件，导致很多投资者在投资过程中会在大脑中产生回溯。

2. 被搜索集合信息的有效性

这类信息集中储存在脑海中，以至于我们需要时可以非常快速有效地检索到。

比如投资市场中的两位投资者，投资者 A 善于将学习到的知识进行有效的分类和储存，而投资者 B 则不善于将学习到的知识进行有效的分类和储存，一旦需要某一个知识点的时候，投资者 B 在进行信息搜索的时候，大多数情况下，会慢于投资者 A。

3. 想象力

很多时候，我们的心智具有一种天生设计的特性，会使我们把外在环境存在的东西联想为存在我们心里的记忆或者认知的性质、特性、本性或特征之类的东西。

若是我这样解释，令你有些难以理解，那么，我们来看这样的一个案例，一个小女孩外出游玩，在没有得到狗狗主人同意的情况下，摸了狗狗，得到了狗狗的反抗，狗狗咬了小女孩。之后，小女孩即使碰到其他不会咬她的小狗或者碰到与被狗咬类似的情况时，她仍旧会想起之前感情上的痛苦，头脑就会把两者自然联想在一起。

但是，不同性质的两件事情的相似程度要多高，才会使小女孩的头脑把两者联想在一起却是未知的变量。因为每个人的心智运作方式都很类似，却又独一无二。假定我们对相似或不相近的程度有一个范围，每个人在这个范围中都有独一无二的容忍度。每当小女孩遇到内心痛苦等同于被狗咬的情况时，她都会将两者联系到一起。

心理学家把小女孩动态的心理过程称为“投射”，如图 9-16 所示。

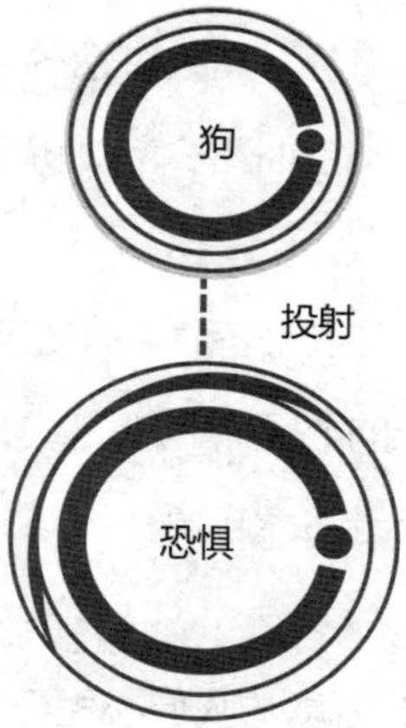

图 9-16　小女孩的动态心理过程

从某些方面而言，小女孩把她当下体验到的痛苦投射到狗狗身上。这种痛苦能量会反射回小女孩的身上，是她把狗看成具有威胁性、令人痛苦并有危险性的动物；这个过程使得小女孩再次看到其他的狗狗时，会自发性地产生同样的恐惧。

投资市场中的投资者也和小女孩有相似性，假设投资者过去三次交易都亏损，投资者现在密切观察市场，并且用来指示机会存在的变量现在已经出现，结果投资者没有立刻进行交易；反而犹豫不决，并且由于风险太高而怀疑这种变量是否是真实的。于是，投资者开始收集信息，证明这笔交易很可能不会成功。

这时，市场继续运行，但不幸的是，市场脱离了投资者的原始进场点，投资者也错过了最佳点位。而市场脱离投资者的进场点位和进场时机之后，进场的风险代价将会提高，这时，投资者若仍想进场，则内心拉锯战开始加强，一方面不想错过机会，另一方面不想面对风险。

于是投资者在矛盾的情况下，错失市场中的每一次交易机会，但是却依然告诉自己此时进场的风险高于赢利。

不可否认，很多投资者都会有这样的情况，并不是根据市场提供的信息看待市场，而是根据投资者心理反射回到投资者的身上的信息判断市场，在已有的三次亏损下，因为市场向投资者发出的每一个信号，都会被投资者认为是风险。投资者的头脑会下意识地自动把“当下”状况，与投资者最近的交易经验联想在一起。这种联想会使投资者想到亏损的痛苦，产生害怕的心态，促使投资者带着负面情绪和负面心理看待所收到的信息。这种情形就像市场表达带有威胁性的信息一样，因此会出现犹豫不决。

一般情况下，市场不会产生带有负面情绪和正面情绪的信息，能够产生负面情绪和正面情绪信息的是投资者的心理，也就是说，市场不会促使投资者注意自身的失败和成功，真正促使投资者注意自身失败或成功的是投资者无意识的心智过程。

我们心里不断把身体以外的信息与我们心里已经知道的东西联想在一起，以至于外在情势看来和这些情势联想在一起的记忆、特性或信念完全相同。

假设，如果改变前提，即投资者过去有过三次赢利的交易，那么，投资者还会把市场发出的信号看作是风险吗？如果投资者是连续三次交易获利，投资者会强烈考虑加码，或者是建立比正常交易金额更大的仓位。

因为当投资者出现三次交易成功，无论市场上出现什么信号，投资者都会觉得几乎没有风险，同样的过程会促使投资者看待这种情势时变得过度乐观。

“当下”和过去三次交易获利产生的欢欣鼓舞会联想在一起，从而产生过度乐观或欣喜若狂的心态，情形会变成好像市场提供毫无风险的机会，这种情形当然会让投资者加大投资。

投资者在三次亏损后，抱有以恐惧为基础的负面情绪和负面心态，从而更多地注意到失败和风险的可能性。也正是因为在三次赢利的前提下，投资者是抱有以自信为基础的正面情绪和正面心态，从而更多地注意到潜在利益的可能性。

这也就解释了，当我们遇到一件不熟悉的事时，通常会通过联想把它和我们以往的熟悉的经验或事物建立关联关系，大脑内神经元突触之间的联系更为巩固，我们就更容易想起来。而如果某件事在我们以往的生活经验中从来没有任何可以借鉴的东西，我们就会无所适从。

代表性启示法

这里先从两个案例开始讲起。

案例 1：

有一个英俊潇洒的男生叫王洋，他思维敏捷，吐字清晰，善于和人沟通。

请问王洋更可能是个播音节目主持人还是一名 IT 从业者，仅凭第一时间的思考，我想你心中已经选出了意向答案，那我们继续进行分析。

不可否认，我们绝大部分人肯定都认为王洋更可能是名节目主持人，因为他不仅仅英俊潇洒，而且还善于沟通，大部分特质都和一名优秀的节目主持人吻合。

但是，先别着急作出判断，我们进行深入分析，经过调查发现，2012 年全国播音节目主持人数量不到 3 万人，而全国从事计算机相关行业的人员有不到 150 万人。计算机从业人员：播音节目主持人的比例为 50 ：1，也就是随便挑 50 个人，IT 从业者的概率是播音主持人的 50 倍。

进过数据分析之后，你还觉得王洋是播音节目主持人的概率更高吗？更高的可能性，应该是王洋是名 IT 从业者，并且他长得英俊潇洒，吐字清晰，同时又善于和人沟通。

这就是代表性启示法里面有一个比较容易产生偏差的原因，如图 9-17 所示。

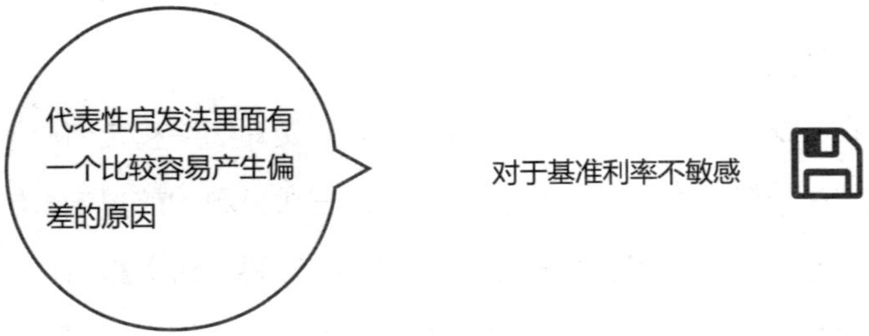

图 9-17　代表性启示法比较容易产生偏差的原因

正因如此，上述案例中，就是因为我们对一个人从事 IT 职业和播音职业的概率没有了解的情况下，单纯从所提供的信息中很主观地作出判断。

案例 2：

IT 从业人员王洋最近开始投资股票了，投资了股票 C。在上班的路上，王洋捡到了 100 元钱，等到下午看股票的时候，发现股票 C 涨了 5%；第二天，王洋又捡到了 100 元钱，等到下午看股票的时候，发现股票 C 又涨了 5%；第三天，王洋再度捡到了 100 元钱，等到下午看股票的时候，发现股票 C 又涨了 3%。

等到了第四天的时候，王洋没有在上班的路上捡到钱，他感觉股票一定会跌，等到下午看股票的时候，发现股票 C 果然下跌了 8%。

王洋发现自己掌握了投资股票的终极秘密，只要每天出门看路上能不能捡到钱，就知道了这只股票是涨还是跌，是该卖出还是买入。

说到这里，你也许会以为这种事情也太凑巧了，王洋的做法非常的不理性。是的，能否捡到钱和股票的涨跌没有联系，也许这个案例太极端了，但我们每个人都会犯类似的错误。

案例 3：

我们以王洋的朋友“李奇”为例。

前段时间，李奇投资股票赚了一笔钱，然后去参加了一个掷骰子猜大小的比赛，共有 5 万人参加比赛，根据规则，每个参赛者只有一次掷骰子的机会，即掷一次骰子所有参赛者猜大于 3 点还是小于等于 3 点，每次猜错的人就被淘汰，最终获胜者可以获得 5 万美元。

李奇从参赛开始，每次都猜对，最后他击败了所有的参赛选手，也就是 49999 人，赢得了 5 万美元。李奇觉得自己天生就对猜大小有种超乎常人的感觉，自己简直就是赌神。

若是这里把李奇换成你，你和 49999 人比赛猜大小，最终击败了所有人，你会不会觉得自己是赌神？

我觉得大部分人都会这样想。但最终获胜的人真的是赌神吗？要回答这个问题很简单，把这个比赛再来一次，看看你或者李奇是否还能获得冠军。如果你们每次都是冠军，那毫无疑问都是赌神。

但是，更大的可能性是冠军是另外一个幸运儿。也就是说，冠军是随机的，李奇第一次成为冠军很可能是运气好罢了。

由此可见，偶然性可能产生多大的偏差。并非所有前后连续发生的事情，都是偶然性的。我们要区分清楚，前后发生的两件事情，究竟是具有因果关系，还仅仅是偶然。这个判断的标准很简单，只要看不断地重复相同的事情，是否能够一直得到相同的结果。

通过这两个案例，我们对于查理·芒格的心智模型——代表性启发法有了更多认知，即当我们对于忽视基准利率，或者对于一些偶然事件建立错误的因果关系时，我们就会容易犯代表性启发法认知偏差。

代表性启发法就是让我们在不确定性的情形下，抓住问题的某个特征直接推断结果，而不考虑这种特征出现的真实概率以及与特征有关的其他原因。

当我们抛硬币时，如果连续 5 次抛出来都是正面朝上，我们直觉上认为第 6 次反面朝上的概率要高。但实际上，每次抛硬币都是一次独立事件，也就是第 6 次抛的结果和前 5 次的结果没有任何关系。我们知道抛硬币抛 1 万次正面朝上和反面朝上的概率各一半，大脑以 10 次作为样本，大脑会认为第 6 次反面朝上的概率要远远大于正面。

投资股票也是一样，当前几次都是成功的情况下，下一次的交易不一定是成功的，见表 9-1。

表 9-1　投资者 A 的 10 次交易结果

	单笔交易结果	单笔交易总亏损金额（元）
投资者 A	盈利	1500
	盈利	3000
	盈利	800
	亏损	−6000
	盈利	1000
	盈利	1500
	盈利	2000
	亏损	−13000
	盈利	2000
	盈利	400
交易总次数	10	
交易总亏损金额	−6800	

我们观察表 9-1 中投资者 A 的交易状况，在 10 次的交易中，投资者 A 具有良好的成功率，成功率达到了 80%，若是让人们预测投资者 A 的下一次交易，一定会认为是成功的。

若是让你预测投资者 A 接下来 10 次交易的成功率，一定会认为投资者 A 依然具有 80% 以上的成功率。

这里，我们来看投资者 B 的交易情况，如表 9-2 所示。

表 9-2　投资者 B 的 10 次交易结果

	单笔交易结果	单笔交易总亏损金额（元）
投资者 B	亏损	−2000
	亏损	−5000
	亏损	−800
	亏损	−4000
	盈利	17000
	亏损	−3000
	亏损	−3000

续上表

	单笔交易结果	单笔交易总亏损金额（元）
投资者 B	亏损	−1000
	亏损	−600
	盈利	9000
交易总次数	10	
交易总盈利金额	6600	

我们观察表 9−2 中投资者 B 的交易状况，在 10 次的交易中，投资者 B 没有良好的成功率，成功率达只有 20%，若是让人们预测投资者 B 的下一次交易，一定会认为是失败的。

若是让你预测投资者 B 接下来 10 次交易的成功率，一定会认为投资者 B 依然具有 80% 以上的失败率。

借用集合的概念，大集合就是大数定理，在随机事件的大量重复出现中，往往呈现几乎必然的规律，在抛硬币事件中，就是抛 1 万次正面朝上和反面朝上的概率各一半，在投资中，就是下一次投资成功率与失败率的概率各占一半。

小集合就是小数定理，我们常常以为小样本其概率也和大样本概率一致，这就是代表性启发法的一个重要的原因，忽略了样本过小而做出决策。

很多时候，人们通常没有能力对环境做出经济学的和概率推断的总体严格分析，投资者也是如此，推断往往靠的是某种顿悟或经验，很容易忽略事件会有向平均数回归的倾向。比如说两支差不多的股票 A 和股票 B，股票 A 持续上涨，股票 B 则按兵不动，此时有些投资者往往会认为股票 A 会继续上涨。

第十章

交易信念引领理性交易

无论是活跃的交易信念还是不活跃的交易信念，其能量都是守恒的。正确的方法，不是消除不活跃的交易信念，而是将不活跃的交易信念的能量抽取出来，添加到活跃的交易信念中，使得活跃的交易信念发挥最大的效用。

一、交易信念与交易时机

缺乏交易信念的投资者，在交易股票时总会出现犹豫不决、徘徊不定的状态，没有耐心持股，跟风买入股票，稍有风吹草动就草草卖出股票。

在股市交易中短期获利是时常发生的，这种获利的原因可以归结为拥有较高技术水平或者是幸运，但若是没有交易信念，那么没有办法长期获利，甚至会让投资者陷入痛苦情绪中，产生严重的挫败感。

股神巴菲特说“不要做别人，要做你自己。听从自己内心的召唤。寻找自己独一无二的理想，引领自己的一生”。这种内心的召唤是什么？巴菲特把它归结为：交易信念。

交易信念会使投资者产生期望，当投资者恐惧时，交易信念会产生作用，帮助失败者重新站起来。

这就是为什么有些投资者在投资的初期不谈“交易信念”这四个字，甚至对这四个字不屑一顾。而在投资进行了一段时间之后，却又提出来？因为交易信念会使得投资者对股票交易产生期望。有了期望之后便会付诸行动。

当投资者经历了前几次的失败之后，能够刺激他站起来的会是赢回亏损的执念，或者是不服输的精神；而当投资者经历数十次失败之后，往往能够刺激他站起来重新开始的是“交易信念”。

在确立了交易信念之后，可以在今后的交易中发现新的交易规则，也可以发现新的投资组合，这样一来，既提高了自己的交易方法，又发现了投资对象。

因为拥有坚定的交易信念，提高自己交易方法的精确度，既获得了收益，又带来了积极的交易态度。

投资者的交易成功，不可缺少信念和态度。能被市场主力摧毁的投资者，可能是没有树立正确的态度，也可能是缺少稳定的交易信念。不能被市场主力摧毁的投资者，往往拥有自己的交易信念和交易态度，如图 10−1 所示。

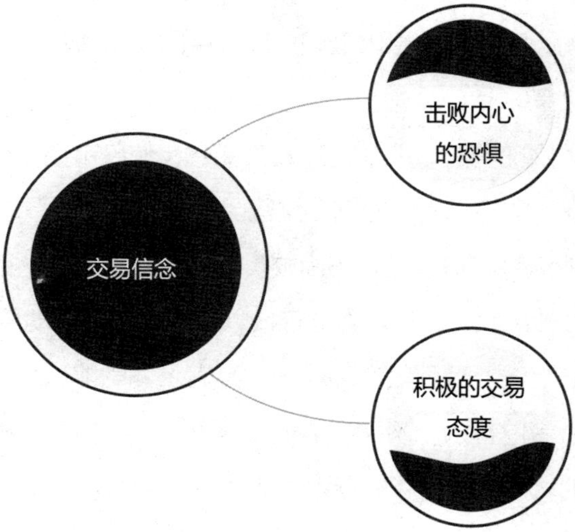

图 10−1　交易信念

投资者拥有了自己的交易信念和态度之后，交易也变得容易起来，等到最适合交易的当下时机，并将当下时机与自己的交易时机相结合，将交易时机与自己的交易信念相结合，毫不犹豫地选择买入或者卖出。

有了交易信念后，一旦投资者选择了买入或者卖出，股票市场上传播的信息或者其他投资者发布的信息都已经不能够阻止此次交易。

同时，也就没有了在每次交易之前频繁地问自己“是否应该采用效果不理想的交易规则？”等类似的问题了。

二、两种交易信念

从本质上来看，股票走势就是一系列涨跌形态，技术分析把这种形态当成优势，任何当成优势的形态只是显示股市向某一个方向波动的概率比较高，而不具有优势的形态是股市向某一个方向波动的概率比较低。

不管股市波动的概率如何，股市走势中的，每一种形态、每一种走势都是独一无二的状况。不同的形态看起来或测量起来可能完全相同，但是其本质或者真实状况都不尽相同，不相同的原因是因为股市中的投资者信念的不同，导致了投资者不同的交易决策。

交易心态可能会随着股市的变化而发生变化，使股市变成循环性质的进场、出场、获利、止损、加码或减码的机会流程。

股市所产生的涨跌和形态没有正面或负面的能量，但是，因为投资者心中具有能量，通过相似性的联系，心态一旦形成，那么，就容易动摇交易信念。

交易信念具有能量。活跃的交易信念，具有足够的能量，可以影响投资者对信息的认知和投资者的行为。不活跃的交易信念，不具有足够的能量，不可以影响投资者对信息的认知和投资者的行为，如图 10-2 所示。

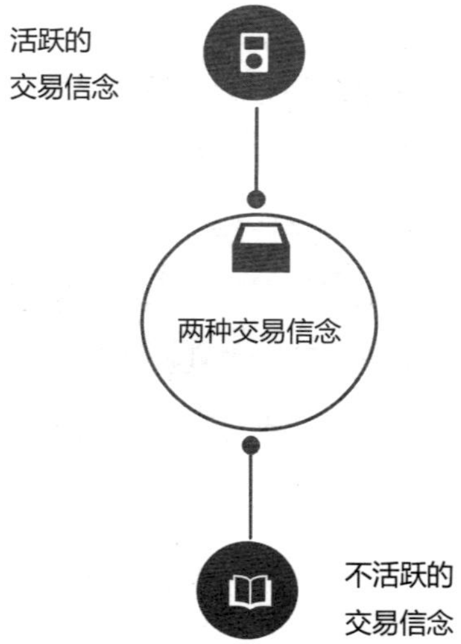

图 10-2　两种交易信念

对于投资者的交易信念而言，其能量也是守恒的，当看到股市中发生了上涨或者下跌的相关事件时，便能够引发投资者心中的信念，活跃的信念具有某种感知的特性，当出现对股市不利的消息时，活跃的信念会为投资者进行争辩和辩护，而不活跃的信念则不会发出行动。

活跃的信念是如何被表达出来的呢？活跃的信念需要被表达出来与活跃的信念要求被表达出来的区别，就是投资者是否是主动运用了交易信念，如果投资者面对的是一个正在下跌的股市，那么，投资者的信念就是要求被表达出来，需要投资者及时地止损。

如果投资者面对的是一个股市即将下跌的消息的时候，那么，投资者的信念就是需要被表达出来，投资者应先分析当下股市情况，再做决定。

无论是活跃的交易信念还是不活跃的交易信念，其能量都是守恒的。正确的方法，不是消除不活跃的交易信念，而是将不活跃的交易信念的能量抽取出来，添加到活跃的交易信念中，使得活跃的交易信念发挥最大的效用。如图 10-3 所示。

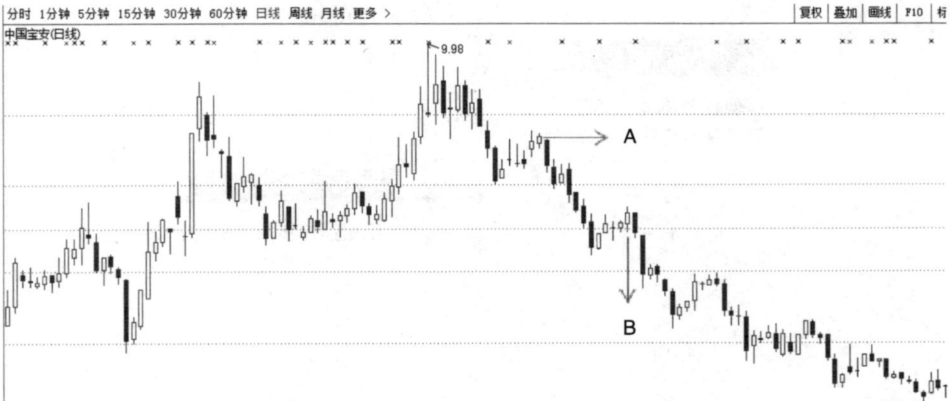

图 10-3 能量守恒在交易中的体现

股市处于 A 点的时候，不积极的交易信念的能量充足，发挥着作用，使得投资者认为不用及时的清仓。

而当股市从 A 点下跌至 B 点的时候，投资者需要将不积极的交易信念中的能量抽取出来，放至积极的交易信念中，使得积极的交易信念能量充足，并发挥作用，让投资者在 B 点处及时清仓。

也就是说，在 B 点的时候，活跃的信念都要求被表现出来，给予投资者正确的判断。

在一切利空消息来临的时候，投资高手的信念便开始进行启动，启动的具体步骤，如图 10-4 所示。

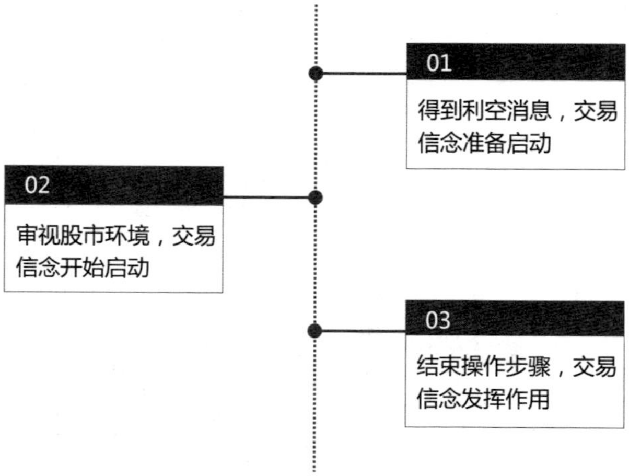

图 10-4　利空消息启动的具体步骤

这里，具体以图 10-5 为例进行分析。

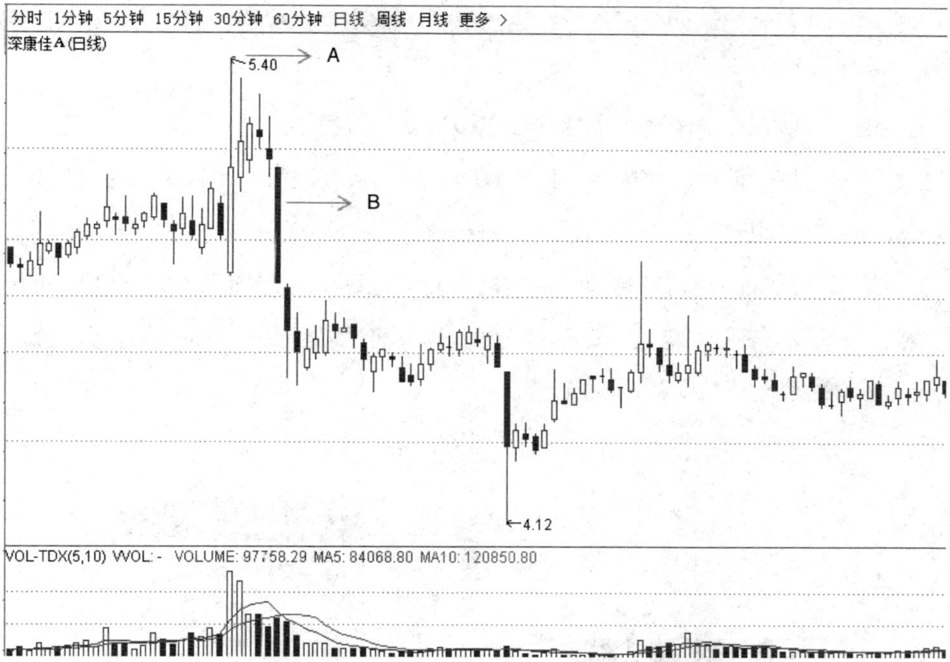

图 10-5　活跃的信念与不活跃的信念博弈

投资者大脑中活跃的信念和不活跃的信念的能量比例，活跃的交易信念都即将启动。

当股市上涨至最高点 A 点时，股市中的利空消息得到确认，投资者大脑中的交易信念即将发出信号。

当股市从 A 点下跌至 B 点的时候，交易信念将配合着股市环境，为投资者发出止损的信号，如果交易信念不能够配合股市环境，而发出信号，那么，投资者会看不出将要采取哪些正确的操作步骤，从而出错的机会会提高。

三、确立交易信念

能够打败恐惧的就是投资者坚定的交易信念。如何确立自己的交易信念呢?通过以下五个步骤可以确立交易信念。

第一，正确地认识交易信念，信念是会不断发生作用的，信念会对认知和行为发挥重要作用。

第二，认识自身的弱点，懂得股市投资交易过程中的“攻心为上”，克服内心的“贪”和“怕”。在树立交易信念时，先对自我进行一个评估，对自己制定一个合理的“期望”。

第三，系统性学习交易知识，学习系统化的股票投资交易知识，所学知识足够扎实，并具有可操作性。每天花一个小时阅读股票投资的相关书籍，并在阅读过后记录对自己有帮助的知识点。

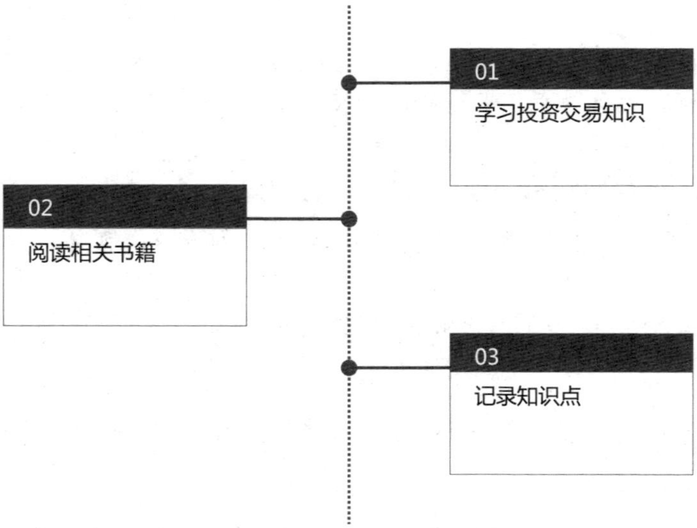

图 10-6　确立交易信念方法

第四，制定交易信念。制定能够激发积极信念的交易规则，从最简单的交易操作开始，逐渐到难度大的交易操作。从每次实行的交易中寻找自己成功的原因，从成功原因中确立自己的交易信念。

第五，优中择优，选出能够进行长期投资的交易信念。在交易过程中总结成功的经验，将经验归类，根据自己的长期投资规划、期望及经验，寻找能够长期使用的信念用交易信念不断地帮助自己提高交易方法的精确度，不断发现新的投资组合，如图 10-7 所示。

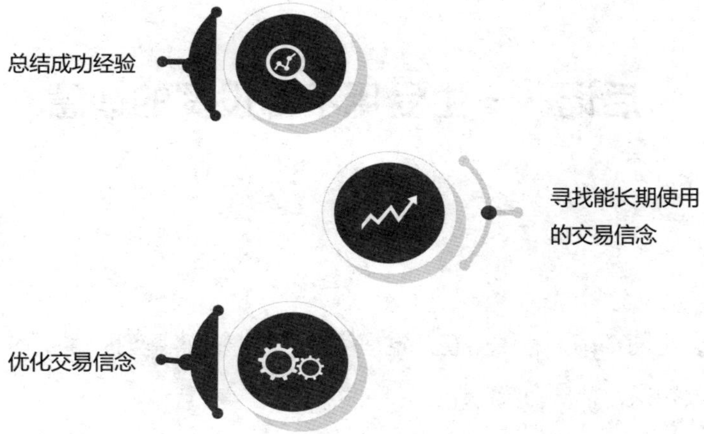

图 10-7　制定交易信念的优中择优的方法

选择交易信念是一个耗费时间的过程，但是，却对我们今后的投资交易带来实质性的帮助。

虽然树立交易信念是一个烦琐的过程，但是却能够为今后的投资交易带来巨大的回报。正所谓“工欲善其事必先利其器”，投资技术是一个工具，交易信念更是一个不可忽视的软工具。

后记　一生受用不尽投资的智慧

智慧，是两个词，急中生智，定净生慧。智是一种能力，慧是一种境界。智是不断吸收知识，慧是为我所用。

诸如查理·芒格、巴菲特这样的投资大师，他们的能力能够驾驭他们的投资智慧，你能复制他们的投资理念、投资策略，但是无法复制他们的智慧，即使复制对了，你的内心也是惶恐的，投资心智会被非理性交易情绪驾驭。

投资策略可以借鉴模仿，而智慧是自己内生的能力，驾驭自己能驾驭的智慧，你才能安心投资。

查理·芒格曾说："我们长期努力不做傻事，所以我们的收获比那些努力做聪明事的人要多得多。"不要高估自己的能力，也不要盲从，你选择了投资，就要学会把知识转化成自己的智慧，首先要考虑的是我们的智慧能力能做什么样的投资，其次要考虑在这个市场怎么能够长期赢利下去，才是一个投资者应该要做的。

而坚持价值投资便是投资者一生受用不尽的投资智慧，价值投资并不是高智商人士的专利，它需要拥有常识和良好的判断力，而且应用这些能力也依赖于建立一个经提炼过的智力框架，以帮助投资者克制情绪上的冲动。

同时，很多时候价值投资不仅仅是一种智慧，也是我们的投资哲学，它没有那么复杂，你只要具备投资常识，去思考投资，至少你也是一个有智慧的人。

读 者 意 见 反 馈 表

亲爱的读者：

感谢您对中国铁道出版社有限公司的支持，您的建议是我们不断改进工作的信息来源，您的需求是我们不断开拓创新的基础。为了更好地服务读者，出版更多的精品图书，希望您能在百忙之中抽出时间填写这份意见反馈表发给我们。随书纸制表格请在填好后剪下寄到：北京市西城区右安门西街8号中国铁道出版社有限公司大众出版中心 张亚慧 收（邮编：100054）。或者采用传真（010-63549458）方式发送。此外，读者也可以直接通过电子邮件把意见反馈给我们，E-mail地址是：lampard@vip.163.com。我们将选出意见中肯的热心读者，赠送本社的其他图书作为奖励。同时，我们将充分考虑您的意见和建议，并尽可能地给您满意的答复。谢谢！

所购书名：______________________________

个人资料：

姓名：________________性别：__________年龄：___________文化程度：_____________

职业：_______________________电话：___________________E-mail：_______________

通信地址：____邮编：______________

您是如何得知本书的：

□书店宣传 □网络宣传 □展会促销 □出版社图书目录 □老师指定 □杂志、报纸等的介绍 □别人推荐
□其他（请指明）____

您从何处得到本书的：

□书店 □邮购 □商场、超市等卖场 □图书销售的网站 □培训学校 □其他

影响您购买本书的因素（可多选）：

□内容实用 □价格合理 □装帧设计精美 □带多媒体教学光盘 □优惠促销 □书评广告 □出版社知名度
□作者名气 □工作、生活和学习的需要 □其他

您对本书封面设计的满意程度：

□很满意 □比较满意 □一般 □不满意 □改进建议

您对本书的总体满意程度：

从文字的角度 □很满意 □比较满意 □一般 □不满意
从技术的角度 □很满意 □比较满意 □一般 □不满意

您希望书中图的比例是多少：

□少量的图片辅以大量的文字 □图文比例相当 □大量的图片辅以少量的文字

您希望本书的定价是多少：

本书最令您满意的是：

1.

2.

您在使用本书时遇到哪些困难：

1.

2.

您希望本书在哪些方面进行改进：

1.

2.

您需要购买哪些方面的图书？对我社现有图书有什么好的建议？

您更喜欢阅读哪些类型和层次的理财类书籍（可多选）？

□入门类 □精通类 □综合类 □问答类 □图解类 □查询手册类

您在学习计算机的过程中有什么困难？

您的其他要求：